乡村振兴视域下农村三产融合发展研究

黄曙霞 著

延边大学出版社

图书在版编目（CIP）数据

乡村振兴视域下农村三产融合发展研究 / 黄曙霞著
. -- 延吉：延边大学出版社, 2023.6
　ISBN 978-7-230-05116-3

　Ⅰ. ①乡… Ⅱ. ①黄… Ⅲ. ①农业产业－产业发展－
研究－中国 Ⅳ. ①F323

中国国家版本馆 CIP 数据核字(2023)第 110519 号

乡村振兴视域下农村三产融合发展研究

著　　者：黄曙霞
责任编辑：尹昌静
封面设计：延大兴业
出版发行：延边大学出版社
社　　址：吉林省延吉市公园路 977 号　　　邮　　编：133002
网　　址：http://www.ydcbs.com　　　E-mail：ydcbs@ydcbs.com
电　　话：0433-2732435　　　传　　真：0433-2732434
制　　作：山东延大兴业文化传媒有限责任公司
印　　刷：三河市天润建兴印务有限公司
开　　本：787×1092　1/16
印　　张：7.75
字　　数：100 千字
版　　次：2023 年 6 月 第 1 版
印　　次：2023 年 6 月 第 1 次印刷
书　　号：ISBN 978-7-230-05116-3

定价：40.00 元

作 者 简 介

　　黄曙霞，女，出生于1969年12月，汉族，山东菏泽人，毕业于山东省教育学院，本科学历，就职于中共济南市市中区委党校，讲师，研究方向：社会科学。

前　言

　　近年来，农村一二三产业融合发展成为中央农村政策的焦点，在促进我国农业增效、农民增收和农村繁荣方面发挥了重要作用。农村"三产融合"发展是现代农业发展的基本规律，是促进农业转型升级的内在动力。将农业纳入到二三产业价值链有利于改变其仅在第一产业范围内对要素进行定价的问题，可提高农业发展效率、促进农业可持续发展。目前，我国农村"三产融合"模式层出不穷，但是产业融合发展过程中存在较多问题，从乡村振兴战略的角度探究农村"三产融合"发展，可以借助两者的内在逻辑关系探究农村产业融合发展的有效途径。农村"三产融合"的目的与乡村振兴战略的目标具有一致性，均以农民为主体，旨在增加农民收入、改变现有乡村发展现状、缩小城乡差距、实现农业现代化，所以在发展过程中要以农业为主导，切实保障好农民的利益。乡村产业振兴为农村地区的产业融合开辟了新的空间，而农村一二三产业融合也成为了乡村产业振兴的重要实现途径。推进乡村振兴与农村"三产融合"协同发展是一项系统而长久的工程，需要发动全社会多方力量、多种机制、多种资源要素参与进来，协同推进。

　　本专著共分为五章。第一章研究了乡村振兴战略与产业发展，重点探究了乡村振兴战略下乡村产业振兴的基础及推动农村产业发展的重要意义。第二章研究了农村三产融合发展，梳理了农村三产融合概述、必然性与可行性、发展历程及理论基础。第三章探究了乡村振兴与农村三产融合的关系，分析了两者的内在逻辑关系、价值取向和机理。第四章分析了乡村振兴视域下农村三产融合发展的现状，梳理了乡村振兴视域下农村三产融合发展的机遇与挑战及困境，分析了农村三产融合问题的成因。第五章探究了乡村振兴视域下农村三产融合发展的途径，从优化产业链条、完善制度体系、创新跨界融合、突出集群效应几个方面探究了乡村振兴视域下农村三产融合发展的途径。本专著以乡村振兴战略为切入点，探索了农村三产融合发展，旨在发掘乡村振兴视域下农村三产融合发展的途径，为研究我国农业农村现代化提供了借鉴。

　　笔者在写作过程中借鉴了很多资料，在此对相关作者表示感谢。由于成书时间仓促，加之笔者水平有限，书中难免有错误、纰漏之处，请广大读者批评、指正！

目　　录

第一章　乡村振兴战略与产业发展研究

第一节　乡村振兴战略的内涵、
意义及实施动力

乡村振兴战略的提出，是对现代化发展过程中乡村衰落问题的回应。乡村振兴战略要解决的是乡村衰落问题，乡村衰落是相对于城市兴起而言的。乡村衰落是任何一个现代化国家从农业生产向工业生产转型过程中必须面对的问题，是农耕文明向工业文明转化过程中必经的阵痛。中华人民共和国成立后，我国为了加快推进工业化进程，优先发展重工业。特别是改革开放以来，随着城镇化进程的加快，大量的农民通过参与工业生产摆脱农业的束缚，离开"土生土长"的农村地区，这导致乡村地区相对凋敝、空心化现象严重。"三农"问题实际上就是乡村衰落问题，要想全面实现社会主义现代化，重点在乡村，难点也在乡村。因此，党的十九大报告提出实施乡村振兴战略，将"三农"问题提升到国家战略高度，并要求坚持农业农村优先发展。

一、乡村振兴战略的基本内涵

基于全面建成社会主义现代化强国，中华民族从站起来、富起来到强起来的新的历史方位，聚焦新时代关乎国计民生的"三农"根本性问题，健全城乡融合发展体系，加快推进农村现代化，向农业强国迈进，以习近平同志为核心的党中央领导集体在此背景下提出实施乡村振兴战略，其基本内涵从以下几个方面进行概括和总结：

第一，贯彻落实乡村振兴战略 20 字总要求。"产业兴旺是重点，生态宜居是关键，乡风文明是保障，治理有效是基础，生活富裕是根本"。乡村振兴战略能否成功推进，关键在于能否将经济、生态、文化、政治、社会五个方面协调推进，也就是要发展好农村的产业兴旺、农村的生态环境保护、农村的精神文明建设、农村的社会管理及农村的农民收入五大方面。农村是一个有机整体，需要协调推进与全面衡量各个方面，才能保障乡村振兴战略的持续推进。

第二，促进一二三产业融合发展。我国农村三产融合发展水平低，通过培育新型农业经营主体，完善融合保障体系，突破要素制约，健全三产利益联结体系，改变传统农业的封闭式发展，将农业发展中的各个环节逐渐分散到农村、郊区直到城市，促进城乡之间的资源流动，有利于资源优化配置。

第三，坚持农业农村优先发展思想，把解决好"三农"问题作为全党工作的重中之重。"三农"问题关系到我国第一个百年奋斗目标的如期实现，是必须要完成的硬任务。解决农村产业发展中存在的突出问题，抓好粮食生产工作，通过加强技术创新、优化产业结构，激发农村发展新活力。

第四，全面深化农村改革，完善农村治理机制。加强农村基本经营制度、土地流转制度、集体产权制度的建设，为农村的现代化发展提供切实的制度保障。加强农村自治组织的规范化，提高公共服务能力和治理能力，健全农村公共法律服务体系，加强农民精神文明建设，弘扬社会主义核心价值观，为农村发展提供坚实的组织保障。

二、推进乡村振兴战略的历史意义

党的十八大以来，党中央坚持把解决好"三农"问题作为全党工作的重中之重,组织开展人类发展史上规模空前、力度最大、惠及人口最多的脱贫攻坚战。脱贫攻坚取得全面胜利后,在此基础上全面实施乡村振兴战略,这是"三农"工作重心的历史性转移,与我国社会主要矛盾变化和新时代发展的阶段性任务要求相契合,对推进"三农"工作及国家经济发展具有深远的历史意义和现实作用。

(一)乡村振兴战略是适应社会矛盾变化的选择

1.社会主要矛盾变化的需要

我国社会主要矛盾由"人民日益增长的物质文化需要同落后的社会生产之间的矛盾"转化为"人民日益增长的美好生活需要和不平衡不充分的发展之间的矛盾"。历经改革开放40余年的快速发展,我国已跃居为世界第二大经济体,城市蓬勃发展、城镇化持续推进。第七次人口普查结果显示,我国城镇居民人口首次超越农村居民人口,这意味着乡村与城市之间发展不平衡、不充分的状态在进一步加剧,是当前中国社会发展主要矛盾的集中显现。所以,党中央审时度势决定全面实施乡村振兴战略,既是在深刻认识和把握我国现阶段国情的基础上作出的正确判断,也是基于我国社会主要矛盾变化作出的重要调整。

2.社会矛盾主要方面变化的需要

在完成脱贫攻坚任务之前,我国"三农"工作聚焦打赢脱贫攻坚战,集中力量攻克贫困乡村,确保现行标准下农村贫困人口全部脱贫,贫困县、贫困村全部摘帽,从根本上解决区域性整体贫困并消除绝对贫困。在脱贫攻坚战胜利之后,我国"三农"工作重心转向全面乡村振兴,由短期内集中力量解决广大乡村的贫困逐步平稳过渡到更广范围内全面实现乡村振兴,实现由点到面、由部分到整体的转变。所以,脱贫攻坚重点解决的是绝对贫困,这是实现乡村振兴的前提与基础,为乡村振兴提供有益借鉴;而乡村振兴重点解决的是相对贫困,是脱贫攻坚的延伸和升级,且全面实施乡村振兴战略的深度、广度、难度都不亚于脱贫攻坚,任务更是繁重。

(二)乡村振兴战略是适应历史发展阶段及新任务新变化的选择

在迈向第二个百年征程的历史关口,全面推进乡村振兴、加快实现农业农村现代化,是关系到国家发展全局的重大课题。当前,我国经济社会发展进入新时代、新阶段,必然带来新任务、新挑战。"基础不牢,地动山摇",作为国民经济基础的"三农"工作显得尤为重要。

1.乡村振兴是实现中华民族复兴的前提和基础

民族要复兴,乡村必振兴。新时代中国比以往任何时期都更接近中华民族复兴的宏伟目标,但要实现中华民族伟大复兴梦,有两个非常重要且无法回避的问题摆在我们面前,即祖国统一与乡村振兴。回望中国古代兴盛的朝代,如汉朝的"文景之治"、唐朝的"开元盛世"、明朝的"永乐盛世"和清朝的"康乾盛世",无不是国家统一和乡村经济社会繁荣稳定的时代。虽然是落后的封建专制社会,但国家统一和传统小农经济蓬勃发展却是无可辩驳的。因此,党中央聚焦"三农"工作,全面实施乡村振兴战略是实现中华民族伟大复兴不可或缺的重要组成部分。

2.乡村振兴是应对新任务、新挑战的"压舱石"

2020年初,突如其来的新冠疫情严重危害人民群众生命财产安全,扰乱国民经济秩序。新冠疫情不仅威胁着人民的生命财产安全,也导致部分城市、乡村超市食品出现被抢购一空的现象。各级政府的指挥部不仅派出卫生健康部门救治患者,还联合农业农村(粮食)、市场监管、商务、市场流通等部门参与到新冠疫情防控工作中,确保商品及粮食有序供应。所以,"手中有粮,心中不慌",粮食安全和农副产品稳定供应是应对新任务、新挑战的压舱石,为控制疫情和维护社会稳定提供根本保障。当前,在疫情全球化蔓延下出现了全球粮食供应危机,更加深刻地证实了乡村振兴战略是应变局、开新局的"压舱石"。

3.乡村振兴是国民经济发展的战略基点

在国际贸易摩擦不确定性增加及国际冲突加剧的背景下,我国进出口贸易严重受阻,经济下行压力增大。为应对压力与挑战,党中央提出"双循环新发展格局",构建以国内大循环为主体、国内国际双循环相互促进的新发展格局。

扩大国内大循环,不仅要把出口受阻的商品转移到国内销售,更要努力扩大内需,尤其要将乡村市场当作主战场、潜力区。对于开拓与投资乡村市场,应突出城乡基本公共服务均等化领域,目前不少地方政府明确将土地出让收益的50%以上投入到乡村振兴中去,重点在乡村建设、基础设施建设和产业发展等领域。乡村重点领域的投资将有力拉动内需,撬动国内经济大发展。因此,把国家发展战略基点放在扩大内需上,乡村振兴将是有力的战略支撑。

4.乡村振兴是历史和现实的必然选择

在中华文明五千多年的历史长河中,我国历来是以农业为主的国家,农民和土地是封建王朝和现代国家赖以存立的根本,"民为邦本,本固邦宁",可见农业、农民和农村对国家之重大意义。从历史中窥探,封建王朝的兴衰无不和农民、土地有关,新王朝在建立前期能较好地满足农民对土地的需求并不能促进乡村经济繁荣发展,但在王朝建立后期土地兼并、民不聊生、饿殍遍野,致使农民揭竿而起直至又一个新王朝建立,历史总是周而复始。中国共产党是代表工人阶级和底层劳苦大众的政党,在带领人民群众进行革命、建设和改革的道路上,中国共产党一直践行保护农民"耕者有其田"的政策。改革开放以来,党中央连续20年出台"中央一号文件",聚焦"三农"领域,农村土地制度改革稳步推进,落实好、维护好农民权益。因此,新发展阶段聚焦乡村振兴是历史的必然选择,也是现实发展的需要。

5.乡村振兴是新时代党的群众工作的制胜法宝

最繁重最艰巨的任务在农村,最广泛最深厚的基层也在农村,是新时代党中央的精准判断。精准扶贫伊始,不少地方村镇干群关系紧张。但历经8年的艰苦努力,近300万扶贫干部、200万乡镇干部及数百万村干部深入乡村,为民办实事、办好事,解民困、纾民忧,密切党同人民群众的血肉联系,赢得了人民群众的普遍赞誉。较之脱贫攻坚,乡村振兴范围更广阔,其深度、广度、难度都不亚于脱贫攻坚。未来将有更多乡村振兴干部、资金、资源投入乡村,把党的优良作风及富民政策惠及更多人民群众,继续稳固同人民群众的血肉联系,实现党的长期执政和国家的长治久安。

三、全面实施乡村振兴战略的动力

要实现乡村振兴战略的目标任务就一定需要实现有效的治理，而乡村振兴也是夯实乡村治理的重要基础。乡村振兴战略的推进需要加强示范区建设，大力推进农村人居环境整治，大力强化整体的乡村治理，这是实施乡村振兴战略动力机制的需要。

（一）统筹乡村治理主体，增强乡村振兴治理动力

实施乡村振兴战略，要注重统筹乡村治理主体，这是强化乡村治理的重要动力源。在治理主体方面，要发挥党委和政府的主导与服务作用，做好乡村振兴建设的制度性和物质性的保障，积极疏通和协调好各方面的通道，做好宏观指导。乡村自治组织也要充分彰显其在乡村治理中的协同作用，要保障乡村商品生产中劳动、资本和土地要素的有效配置，确保乡村稳定。村民作为乡村治理的基础和构成单元，在乡村治理中发挥着最重要的作用。各个主体之间要充分融合，共同发挥作用，增强乡村振兴治理动力。在此要做好如下工作：

首先，要提升基层党组织的领导力。强化政治领导，明确乡村振兴的发展方向，要确保党的各项方针政策在乡村落实，着眼于本村实际，充分发挥党组织的先进性，制定适合本村发展的方针。重视乡村基层党组织队伍建设，通过开展乡村振兴实地观摩学习、下乡普法等活动加强对党员治理能力的培养，确保基层党员对党的路线、方针和政策的了解。提升基层党组织的服务能力，激发乡村振兴的内生动力，要依托党组织自身的政治优势撬动社会资源进入乡村，鼓励工商业资本下乡，推进乡村产业的发展壮大。

其次，要提升多元治理主体协同能力。要积极进行乡镇体制改革，转变乡镇政府工作理念，扫除乡镇政府有序引导乡村治理的障碍，保障乡村振兴战略顺利推进。要转变乡镇政府的工作职能，深化乡镇政府对自身职能的认识，找准职能定位，做好本职工作，由全面管理乡村事务转为管理只需政府管理的事

务，提高政府工作效率，提升政府服务水平和服务质量，为村民提供真正的服务和帮助。

最后，要不断提升村民自治水平。村民始终是乡村振兴过程中最基础的群体，村民自治是村民参与乡村治理、融入乡村振兴战略的最普遍形式。要坚持村民主体地位，通过教育培训提高村民的文化素养，加强集体主义教育，通过法治教育提高村民的法律素养，注重培养村民的权利意识。

（二）深入推进农村改革，激发乡村振兴内生动力

农村改革是中国共产党领导下的农民的伟大创造，为农业农村发展注入了强大动力。2023 年中央一号文件发布，进一步提出"深入推进农村改革"，为新发展阶段的农村改革作出了新部署、指明了新方向，为全面实施乡村振兴战略作出了整体谋划，推动乡村振兴开创新局面。进入新发展阶段，全面实施乡村振兴战略，加快农业农村现代化步伐，就必须深刻认识到"三农"的历史方位，准确把握新阶段下的新形势、新任务、新要求，用好改革这一法宝，发挥好改革的突破和先导作用，加强对农村改革的统筹谋划，激发农村资源的要素活力，从而激发乡村振兴的内生动力。

一是要把握好"十四五"的有利时机，坚决投身于任务艰巨的农村地区，补齐农业农村短板，推动城乡协调发展，畅通城乡经济循环，举全党全社会之力加快农业农村现代化步伐，让广大农民过上更加美好的生活。

二是要坚定农村改革方向，按照构建更加完善的社会主义市场经济体制的要求，用改革举措促进制度建设，建立健全农业农村发展和乡村振兴的制度与政策体系，为加快实现中国特色农业农村现代化提供制度支撑。

三是要贯彻新发展理念和构建新发展格局，着力解决突出问题，加快重点领域和关键环节改革，以重点突破引领改革纵深推进。关注乡村振兴面临的各种问题，可以通过建立健全各类制度和配套措施加以应对。

四是要把加强改革系统集成摆在更加突出的位置，着力在"集成"上下功夫，加快推动土地制度、经营制度、产权制度、支持保护制度、城乡融合发展

体制机制等改革联动、集成配套，发挥改革整体效应。

（三）加快农业数字化转型，构建乡村振兴新型动力

2021 年是实施"十四五"规划、开启全面建设社会主义现代化国家新征程的第一年。规划指出，"优先发展农业农村，全面推进乡村振兴"。每年的中央一号文件都针对农业农村发展作出计划部署。如 2023 年中央一号文件明确提出，"深入实施数字乡村发展行动，推动数字化应用场景研发推广"。当前，数字化转型浪潮风起云涌，给农业农村带来了新的发展机遇，已经成为推动乡村振兴的重要内容。

一是产业数字化。产业发展是提高乡村生产力的基础，数字技术在农业中的深层使用提高了农业生产中对信息的捕捉能力，获取了精确的农业生产数据，推动农业"精确化"生产，实现农业精准管控，合理调整农业生产布局。凭借互联网平台的公开、共享，打破了农业技术的应用和服务壁垒，快速传递农户的技术需求，实现农户"足不出户"便可提升农业技术应用技能和水平，促进农业技术成果的快速转化。

二是生态数字化。改善农村人居环境是建设"美丽乡村"的重要内容，要实现这一目标，一方面要基于物联网的发展，实现农业生产过程的透明化，协助农业生产过程中对肥料、化肥、农药等生产要素的精细化操作，用精准化生产代替传统的粗放式生产，保护农村生态环境；另一方面可以借助新一代物联网和移动互联网，加强畜禽养殖资源化利用和污染防治，加强农业面源污染治理，提高乡村生态环境整治的信息化水平。

三是文化数字化。乡村文化是乡村振兴的内在推动力，基于数字技术的可再生性、非竞争性、高渗透性及大数据自身的可复制性、多样性等特点，共享数据资源可破解文化遗产由于资金、技术、传承等原因面临消失的难题。

四是服务数字化。乡村振兴归根结底是为了改善民生，这也是数字技术助力乡村振兴的根本目标。随着互联网的使用和数字技术的进步，通过开设远程

教育培训，支持教师、学生有效共享优质教育资源，实现优质教育资源与农村中小学对接，全面提升农村教师专业素养，拓宽学生获取知识的渠道，促进城乡教育均衡发展；基于大数据的共建、共享和外部经济性的特征，实现农村医疗卫生机构与城市医院的互联互通和数据共享，实现医保异地联网结算，利用互联网平台实现优质医疗资源下沉，促进城乡医疗均衡发展；凭借数字技术的信息整合、数据共享特征，在大数据、云计算等新一代数字技术的支持下，将"互联网+便民服务"全面推向农村，有效打破组织壁垒和信息壁垒，破解农村公共服务不完善、分散化、信息不对称的难题。

（四）培养专业人才队伍，形成乡村振兴人才动力

习近平总书记指出，"要推动乡村人才振兴，把人力资本开发放在首要位置，强化乡村振兴人才支撑，加快培育新型农业经营主体"。乡村振兴战略的实施，人才是关键，强化农村人才建设就显得尤为重要。大力推动乡村振兴建设，就需要相应的人才支持，要使广大人才在农村的广阔天地中大展才华、大施所能、大显身手，努力打造出一支热爱农民、热爱农村、懂得农业的农村人才队伍，形成推动乡村振兴发展的强大人才动力。强化乡村振兴人才队伍建设，要在党的领导下将政府支持、市场推动、乡村社会组织及农民的积极参与加以融合，要扩大乡村振兴各领域内的人才规模，提升人才素质，优化人才结构，形成人才支持服务乡村格局，不断满足乡村振兴战略的需要。

乡村振兴人才队伍建设，要加强党领导下的村级干部人才队伍建设。要积极鼓励本地乡土人才、复员退伍军人、外出经商人员及回村居住的退休干部中的优秀人才到村级两委中任职，造就更多乡土人才，聚天下人才而用之。要提高村干部的经济待遇，提升其社会地位，畅通村干部能够考任乡镇级公务员或走专业技术职称的渠道，为其购买各种保险，提升其工作的积极性，让他们能够全身心投入到乡村振兴工作中去。

总之，在实施乡村振兴战略过程中，要通过统筹乡村治理主体、深入推进农村改革、加快农业数字化转型、培养专业人才队伍为全面实施乡村振兴战略

提供动力，努力探索出一条农业农村现代化发展的新路子，使农村能够朝着"构建现代农业产业体系、生产体系、经营体系"的目标不断发展。

第二节　乡村振兴战略下乡村产业振兴的基础探究

当今世界正经历百年未有之大变局，中国特色社会主义进入新时代，我国社会的主要矛盾转化为人民日益增长的美好生活需要和不平衡不充分的发展之间的矛盾。在全面建设社会主义现代化国家的新征程中，要抓住机遇、应对挑战，必须解决好社会主要矛盾。当前，我国发展不平衡不充分的问题在乡村最为突出，实施乡村振兴战略，是解决人民日益增长的美好生活需要和不平衡不充分的发展之间的矛盾的必然要求。乡村振兴，产业兴旺是重点。我国是一个农业大国，尽管近年来农村经济有所发展，但是农业农村发展整体上仍然相对滞后，且内部发展不平衡问题日益凸显；与此同时，城乡间要素双向流动越来越频繁，城乡融合发展不断深化。产业发展不仅是农业农村发展的物质基础，还是城乡要素流动和经济交往的动力和载体。因此，乡村产业振兴是乡村振兴的物质基础，也是乡村振兴的根本动力。推动乡村产业振兴，是解决我国农业农村发展不平衡不充分、促进城乡融合发展的必由之路，有利于重构乡村产业体系，助推乡村全面振兴，促进城乡、区域协调发展，保障社会和谐稳定，进而推动经济高质量发展。

2017 年 10 月 18 日，习近平总书记在中国共产党第十九次全国代表大会上所作的报告——《决胜全面建成小康社会 夺取新时代中国特色社会主义伟大胜利》中，明确提出实施乡村振兴战略，指出："要坚持农业农村优先发展，按照产业兴旺、生态宜居、乡风文明、治理有效、生活富裕的总要求，建立健全城乡融合发展体制机制和政策体系，加快推进农业农村现代化。"2018年《中共中央　国务院关于实施乡村振兴战略的意见》对全国实施乡村振兴战略作了全面部署，指出："乡村振兴，产业兴旺是重点。"2018年3月8日，习近平总书记参加十三届全国人大一次会议山东代表团的审议时，就实施乡村振兴战略发表重要讲话，明确提出"五个振兴"的科学论断，即产业振兴、人才振兴、文化振兴、生态振兴、组织振兴。2018年12月18日，习近平总书记在庆祝改革开放40周年大会上的讲话中，进一步强调继续实施乡村振兴战略。2019年，《中共中央　国务院关于坚持农业农村优先发展做好"三农"工作的若干意见》更是对实施乡村振兴战略进行了更加系统、全面的部署。2019年6月28日，《国务院关于促进乡村产业振兴的指导意见》发布。2019年7月12日，全国乡村产业振兴推进会在江苏省扬州市召开，国务院副总理胡春华出席会议并讲话，他强调，要深入贯彻习近平总书记关于"三农"工作的重要论述，按照党中央、国务院决策部署，紧紧围绕农村一二三产业融合发展，加快构建乡村产业体系，夯实乡村全面振兴的物质基础。2020年7月16日《全国乡村产业发展规划（2020—2025年）》明确了乡村产业的发展目标。2021年1月发布的《中共中央　国务院关于全面推进乡村振兴加快农业农村现代化的意见》，把乡村建设摆在社会主义现代化建设的重要位置，全面推进乡村产业、人才、文化、生态、组织振兴，充分发挥农业产品供给、生态屏障、文化传承等功能，走中国特色社会主义乡村振兴道路。2023年中央一号文件指出健全乡村振兴多元投入机制，提出"实施促进乡村产业振兴、改善农村人居环境等乡村振兴重点工作督查激励"。

一、乡村产业振兴的发展内涵

目前学术界关于如何界定乡村产业振兴的发展内涵尚未达成一致。基于不同的研究领域和研究视角，学者们对乡村产业振兴作出内涵上的解析，既表现在概念的挖掘上，也表现在实践的探索上。学者们就乡村产业振兴的发展内涵研究主要集中在以下 3 个方面：

其一是战略高度说。战略高度说认为，首先，实施乡村振兴战略的 5 个内容里将产业兴旺摆在战略的首要位置，2021 年我国通过《中华人民共和国乡村振兴促进法》，进一步明确了产业振兴才能全面推进乡村振兴。乡村是我国经济发展落后的地方，也是产业发展的短板和矛盾汇聚的地方，如产业发展不均衡、人才流失、空巢老人、农村非农化、文化落后等，这些深层次的矛盾和问题都源于乡村的产业发展落后、基础能力不足。因此，必须有效加快产业振兴的步伐，只有这样才能够对准乡村振兴的发展、把握有利时机。其次，产业振兴具有繁荣、发达的含义，具有活力和生机。产业振兴使乡村的生产生活充满活力，乡村各类生产之间是相互促进并协调发展的，这里的振兴不是简单的某一产业或某一农户增产增收，而是多种类的产业相互促进、相互竞争、此消彼长的发展。生产的多样性有利于充分利用乡村多元化的资源，也有利于生态环境绿色健康地发展。最后，产业振兴的目标是让农民减少对市场的依赖，可依靠地理特色和自然资源并结合有机循环的思想推动农业可持续发展。

其二是产业选择说。产业选择说指出，首先，在民族地区和地理标志差异区发展特色产业、农产品加工业、手工业、旅游业、电子商务业等，挖掘乡村产业的发展潜力，这样不仅能够留住人才、吸引人才，还能因地制宜地配置和选择合适的产业，实现乡村振兴的目标。其次，选择产业要考虑产业的产前和产后的拓展问题。产业和产业之间的发展链条如果太短，那么农产品的附加值就会逐渐降低，农民就享受不了生产和加工及流通过程带来的收益，不仅会降低产业发展的延续性，还会缩减农民的收入。究其原因，是因为农业的产业链发展不是呈线性关系，产业间会产生很多分支，也会在该过程中衍生出更多的相关产业。农产业在加工和流通环节中可能会减少收益，导致延伸过程中失去了产业发展的价值。

其三是资源拼凑说。资源拼凑说就当前产业振兴研究中的资源利用问题进行挖掘和探索。首先，资源禀赋包含很广阔的范围，产业资源包含的内容非常丰富，包括生态、环境、水资源、土地资源、人文资源、住宅、物种、民族习俗、生产生活方式等，产业的发展离不开这些资源要素的结合。产业振兴不是简单地将产业化实施在乡村来引领农民农村走向富裕，而是将各种生产资源全部纳入乡村发展中，将各种要素有机结合并交互在一起，发挥协同功能，使乡村社会能够产生新的业务形态并形成新的发展格局。它反映了乡村社会发展的公平性和普适性，能够引领广大农民走向共同富裕的道路。其次，产业振兴既要做好产业内容的多样性，也要做好资源的综合性。每一个产业要素都是纯粹的、单独的，它们之间相互包含、相互作用，表现在产业资源的综合利用和相互作用上，如农业除了发挥农产品的功能外，还能创造生态价值，表现在休闲的乡村环境、优美的自然景观等方面。

二、乡村振兴战略下的乡村产业振兴的地位

乡村产业振兴在乡村振兴战略中占有何种地位、起着怎样的作用，这是值得探讨的问题，也是实施乡村振兴战略必须首先回答的问题。

（一）乡村产业振兴是乡村振兴战略的物质基础

乡村要振兴，产业必振兴。产业振兴是乡村振兴的活水源头和物质基础。只有有了乡村产业振兴这个活水源头、物质基础，乡村的人才振兴、文化振兴、生态振兴、组织振兴才有可能变成现实。否则，只能是一句空话。

（二）乡村产业振兴是乡村振兴战略的首要目标

在乡村振兴的核心内涵——产业兴旺、生态宜居、乡风文明、治理有效、生活富裕和"五个振兴"——产业振兴、人才振兴、文化振兴、生态振兴、组织振兴中，产业兴旺、产业振兴被摆在首位。显然，乡村产业振兴是乡村振兴

的首要目标。

（三）乡村产业振兴是乡村振兴战略的重要内容

乡村振兴的内涵丰富、内容广泛，涉及经济、政治、文化、社会、生态等方方面面，乡村产业振兴则是乡村振兴最重要的内容之一。可以说，只有乡村产业兴旺，才能吸引资源、留住人才；只有乡村经济兴盛，才能富裕农民、繁荣乡村。如果离开产业的振兴、离开产业的支撑，乡村振兴就是"空中楼阁"，到头来，只能是"竹篮打水一场空"。

（四）乡村产业振兴是乡村振兴战略的突出标志

乡村振兴与否，最突出、最重要的标志就是看乡村产业振兴与否。如果乡村产业不振兴，乡村经济落后，乡村经济基础还很薄弱，村民还很穷，就说明还没有实现乡村振兴，或者说乡村还没有振兴。相反，如果乡村产业兴旺，乡村经济发达，乡村有钱，村民富裕，则说明该乡村已经得到振兴，或者说至少正在振兴的道路上向前迈进，并初步显现出良好的发展势头和明显的发展成效。由此可见，只要有经济基础做后盾，乡村振兴的目标必定指日可待。

（五）乡村产业振兴是乡村振兴战略的内生动力

乡村振兴，实现乡村产业、人才、文化、生态、组织等五个方面的全面振兴，既是乡村振兴的目标，又是乡村振兴的内容。而在这五个方面内容中，乡村产业振兴，不仅影响乡村产业本身的发展，而且对其他四个方面（乡村人才、文化、生态、组织）产生重要影响，甚至可以说，乡村产业振兴与否，一定程度上决定着乡村人才、文化、生态、组织振兴与否，或者可以说，乡村产业振兴是乡村振兴的内生动力，只有乡村产业振兴了，乡村有了经济基础，有了钱，才能促进、推动乡村人才、文化、生态、组织振兴

三、以产业振兴推进乡村振兴战略的时代价值

实现乡村产业振兴，对促进我国乡村振兴战略实施、巩固脱贫攻坚成效、推动我国经济高质量发展及解决我国社会主要矛盾具有重大的现实意义和深远的历史意义。

（一）实施乡村振兴战略的内在要求

党的十九大报告中对乡村振兴战略提出了"产业兴旺、生态宜居、乡风文明、治理有效、生活富裕"的 20 字总要求。2018 年 3 月，习近平总书记在参加十三届全国人大一次会议山东代表团的审议时提出，实施乡村振兴战略要从产业振兴、人才振兴、文化振兴、生态振兴、组织振兴 5 个方面着手。由此可见，产业振兴是乡村振兴的重中之重。另外，从乡村振兴与乡村产业振兴的逻辑关系看，经济基础决定上层建筑，产业是乡村振兴的物质基础，是乡村其他各方面振兴的前提和根基。一个没有产业支撑、缺乏"造血功能"的乡村无异于无源之水，无本之木。因此，只有紧紧抓住产业振兴这个牛鼻子，夯实乡村振兴经济基础，让农民富起来、农村美起来、农业强起来，才能带动乡村繁荣，真正引领乡村走向全面振兴。

（二）巩固脱贫攻坚成效的重要保障

习近平总书记指出："发展产业是实现脱贫的根本之策。"我国脱贫攻坚实践证明，产业是衔接劳动力、土地、资本等要素的联合器，产业扶贫有力促进了贫困地区群众的脱贫。可以说，持续发展产业，是农村增强自身造血机能的内在要求，是巩固脱贫攻坚成效的重要保障。农村要想真正脱贫，实现农村美、农民富的目标，就必须走产业特色发展、高质量发展的乡村产业振兴之路。要不断通过优化产业结构、延长产业链条、促进产业融合等举措，持续增强乡村产业发展后劲，不断拓宽农民增收渠道，全面解决农民创收和增收后劲不足

的再次贫困问题。

（三）推动经济高质量发展的必由之路

党的十九大报告指出："我国经济已由高速增长阶段转向高质量发展阶段。"这一变化，要求把推动经济高质量发展、建设现代化经济体系放在核心位置。我国产业结构的短板仍然是农业。鉴于乡村和农业在我国经济发展中的基础性地位，要坚持优化农业资源配置，培育新型经营主体，促进小农户和现代农业发展有机衔接，以合理的产业结构、先进的生产方式、前沿的科技为支撑，健全现代化农业产业体系、生产体系、经营体系。全面提升我国乡村产业竞争力，是推动我国产业结构优化、经济高质量发展的必由之路。

（四）解决我国社会主要矛盾的迫切需要

党的十九大报告提出："我国社会主要矛盾已经转化为人民日益增长的美好生活需要和不平衡不充分的发展之间的矛盾。"人民日益增长的美好生活需要既是数量上的丰富更是质量上的提升。随着我国经济不断发展，人民消费不断升级，我国农业供给与需求结构性错配的问题日益凸显，有效供给能力严重不足。现有农业发展模式较好地满足了城乡居民"吃得饱"的需求，但"好不好""安不安全"的问题还没有完全得到解决。因此，实施乡村振兴战略，调整农业生产力布局，深入推进农产品优质化、绿色化、品牌化发展，提高我国农产品供给质量，创造更多个性化、精准化的中高端产品和服务供给，是不断满足人民日益增长的美好生活需要的迫切需要。

四、以产业振兴推进乡村振兴战略的路径选择

要解决当前我国乡村产业发展存在的诸多问题，实现乡村产业振兴，就必

须在坚持规划引领、强化人才供给、拓宽融资渠道、加快土地流转、强化技术创新、推动"三化并举"等方面下功夫。

（一）坚持规划引领，破解发展布局难题

产业布局是否合理，规划是关键。要强化县域统筹，立足区域比较优势，因地制宜发展成片集中特色产业，积极促进手工业、加工制造业、现代服务业协同发展。要支持农产品精深加工向县域布局集中，农产品粗浅加工和流通企业向中心乡（镇）和物流节点集中，加快形成县城、中心乡（镇）、中心村层级明显、功能有效衔接的空间布局。

（二）强化人才供给，破解发展活力难题

人才是生产要素中最活跃的因素。要实现乡村产业振兴，就必须引才引智、育才育智，引发才聚智聚的鲶鱼效应，激活乡村产业经济"一池春水"。一要创新人才引进机制，推动高层次人才"上山下乡"，做大人才增量；二要创新人才培育机制，提升本土人才技能水平，做优人才存量；三要创新人才服务机制，营造尊重、关心、爱护乡村人才的良好氛围，释放人才活力。

（三）注重金融创新，破解发展资本难题

乡村产业振兴，畅通资本渠道是重点。一要创新财政投入机制，多层次推进涉农资金整合，加大对乡村产业的投入力度。二要创新财政资金使用方式，创设乡村产业发展基金，促进财政资金与社会资本有效融合，撬动社会资本更多投向乡村产业。三要创新乡村金融服务模式，对接农村集体产权改革，实行农村土地多形式权能的抵押贷款。四要完善金融产品功能，推出一批实用性强、易推广、低成本的金融产品，支持符合条件的涉农企业上市融资、兼并重组。五要建设农村产权交易平台，健全交易管理机制，降低制度性交易成本，有序引导工商资本下乡。

（四）加快土地流转，破解发展载体难题

土地是财富之母，是乡村产业振兴的载体。首先，要优化乡村土地资源配置，大力推进土地流转，加快小农户和现代农业有机衔接，实现规模化经营。其次，要深化农村土地征收和宅基地制度改革，确保农民土地权益和增值收益。再次，要建立乡村发展用地保障机制，采取入股、联营等方式将新增集体建设用地和村庄整治的节约土地，用于支持新产业、新业态发展和建设农产品加工、冷链仓储等产业设施。

（五）强化技术创新，破解发展动力难题

科技进步与技术创新是乡村产业振兴的动力源泉。要加大乡村科技应用力度，鼓励企业和农民用现代科技装备农业、改造农业，不断提升农业机械化、现代化、智能化水平，不断提高劳动生产率和资源利用率。要强化乡村产业技术创新力度，加快组建产业技术创新联盟对关键技术进行攻关，开发一批可推广的新品种、新技术、新工艺。要加快乡村产业技术转化速度，组织、实施一批农业科技创新项目，同时加强农业科技服务和农民技能培训，改变我国农业科技贡献率低的落后状况。

（六）推动"三化"并举，破解发展模式难题

一是推动产业融合化发展。一方面，通过向前延伸、向后延伸等方式延长乡村产业链，形成研发、生产、物流、销售于一体的全产业链模式。另一方面，推进农业与信息产业融合，对传统农业进行物联网改造，发展数字农业、智慧农业。二是推动产业集群化发展。要以集中连片的形式发展种养业，实现种养业规模化经营；要以"园区"建设促进产业集聚，在县域、镇域创建一批以工业园区、农业产业园为中心的产业集群。三是推动产业高端化发展。要实施标准化战略，完善生产技术体系、检疫检测体系、科学管理体系等标准体系，推进农业生产加工管理标准化；要实施品牌化战略，开展"三品一标"产品和基

地的认证及宣传，鼓励具有地域特色和传承优势的产品积极申报品牌产品和地理标志；要实施绿色化战略，应用绿色生产技术，发展新型生态循环农业，构建绿色生产经营体系。

第三节 乡村振兴战略下推动农村产业发展的
重要意义

产业兴旺为乡村振兴提供物质保障，产业兴，乡村才能兴，农民的生活才能更加美好。发展壮大乡村产业是全面推进农业农村现代化的重要引擎，是实现乡村全面振兴的重要根基，是促进城乡融合的必要条件。因此，要不断发展乡村产业，为早日实现中华民族伟大复兴做准备。

一、发展乡村产业是全面推进农业农村现代化的重要引擎

进入新时代，我国社会的主要矛盾发生了转变，"三农"问题已成为我国实现农业农村现代化的关键，乡村振兴战略的提出正是为了加快实现农业农村现代化的步伐。随着脱贫攻坚战取得全面胜利，为实现脱贫攻坚成果与乡村振兴的有效衔接，中央一号文件明确指出要实行乡村全方位、各领域的振兴，助推农业农村现代化早日实现。发展乡村产业是实现农业农村现代化的必由之路，是实现农业农村现代化的物质保障。目前我国在乡村产业发展上也取得了一系

列成就，比如，粮食产量不断增加、三产融合稳步推进等，但是这与实现农业农村现代化还是有一定距离的。在新的发展阶段，为解决"三农"问题，实现农业农村现代化，国家相关部门围绕乡村振兴战略出台了一系列政策方针，为乡村振兴提供政策保障。各地区要依托特色资源优势和地理优势，构建一个符合本村特色且具有强大市场竞争力的乡村产业，并要确保乡村产业能长久发展，从而推进乡村全方位的振兴，加速实现农业农村现代化的步伐。

二、发展乡村产业是实现乡村全面振兴的重要根基

要想实现乡村全面振兴，使农民过上幸福、美满的生活，必须加快发展乡村产业，通过提升经济发展乡村其他方面，继而实现乡村全方位振兴。产业兴旺是乡村振兴的经济基础，它与乡村生态、文化、治理等其他方面相辅相成、相互促进。首先，从人才方面讲，只有当一个村庄的产业发展壮大了，才能够给更多青年劳动力提供就业、创业机会，减少他们因外出务工与父母、孩子分离而造成的矛盾；才能够促使更多的大学生、农业科技人才愿意毕业后回乡发展，进而提高乡村老百姓的科学文化素质；才能够吸引更多的企业家下乡投资乡村产业，从而更好地激发乡村产业的外在活力。其次，从生态环境方面讲，随着老百姓收入的不断增长，对物质和精神生活提出了更高的要求，绿色优质的农产品在市场上深受消费者喜爱，这就彰显了乡村产业绿色发展的重要性，只有农产品的质量更优，市场竞争力才能更高；此外，只有一个村庄的环境更加优美、生态更加宜居，才能够通过打造美丽田园、发展乡村旅游产业的形式促进乡村经济发展。最后，从社会治理方面讲，发展乡村产业需要加强基层党组织的自身建设，只有基层党组织当好"领头羊"，密切与村民之间的联系，才能引导村民因地制宜探索出符合当地特色的乡村产业，为乡村产业发展提供强大的支撑力量。总之，要不断发展乡村产业，为乡村振兴提供保障，也为老百姓的幸福生活提供保障。

三、发展乡村产业是促进城乡融合发展的必要条件

中国共产党的几代领导集体都十分重视"三农"问题，为解决"三农"问题，国家出台了一系列的政策性文件，但城乡发展之间依旧存在很大的差距。进入新时代，我国经济发展水平不断提升，为扭转城乡之间发展不平衡不充分的局面，党的二十大报告提出了用相关政策来推动城乡融合发展，由此可见乡村振兴战略对推进城乡融合的重要意义。为了追求更加美好的生活，越来越多的农村人口开始转向城市，由于城市的承载能力有限，一定程度上会对城市造成制约，通过推进乡村振兴战略、建立特色小镇或者打造农村产业集群等，能够有效引导农村剩余劳动力转向与乡村相关的二三产业，有利于打通城乡经济循环发展的阻碍点，为农村老百姓创造更多就业渠道；此外，随着乡村振兴战略在乡村地区的深入开展，各地区出台了一系列利于乡村产业发展的政策文件，使得越来越多的城市工商资本愿意投资乡村产业项目及好农爱乡人员愿意返乡创业，城乡之间的要素得以流动，让更多具有特色但发展得并不是很好的农产品进入市场，还能够让城市先进的资源要素流进农村，为乡村产业发展提供支持，也为乡村其他方面的发展增添活力，从而有利于城乡间的融合发展，缩小城乡之间收入、教育等方面的差距，形成新的发展格局。总之，产业兴旺作为乡村振兴战略的关键任务，通过找出制约城乡融合发展的阻碍点，发展壮大乡村产业，能够使城乡间经济得到循环发展，从而更好地实现城乡之间的融合发展。

第二章　农村三产融合发展研究

第一节　产业融合及农村三产融合概述

　　2015 年发布的中央一号文件围绕加大改革创新力度，加快农业现代化建设的主题，提出了一系列既富有战略高度和创新价值又能落地生根的政策措施。其中，最引人注目的便是提出了推进农村一二三产业融合发展的理念。2016 年 1 月 4 日，《国务院办公厅关于推进农村一二三产业融合发展的指导意见》出台，强调要通过推进农村三产融合发展来促进农业增效、农民增收和农村繁荣，为国民经济持续健康发展和全面建成小康社会提供重要支撑。推进农村三产融合发展，是拓宽农民增收渠道、构建现代农业产业体系的重要举措，是加快转变农业发展方式、探索中国特色农业现代化道路的必然要求。

一、产业融合概述

　　产业融合的思想起源于 20 世纪 60 年代，经过半个世纪的发展和完善，已经形成了较为全面的理论体系。农村一二三产业融合发展，是在一定条件下、一定区域内独具特色的产业融合发展形式，因此它也必定遵循产业融合基本理论所揭示的规律。本部分基于以往研究，对产业融合的内涵、特点、产生条件进行综述，为后文提出三产融合的定义提供依据。

（一）产业融合的内涵

随着人类社会步入信息化时代，对产业融合现象的概念和内涵的界定已经持续了几十年，但是依然没有形成对产业融合具体概念的统一表述。一直以来，对于"产业融合是什么"这个问题，学者们的回答大致可以分为两大类，一类从产业融合的特征角度对其进行定义，另一类从产业融合的范围角度对其进行定义。

一方面，从产业融合的特征看，相关定义具体分为四个角度：首先，从技术融合的角度定义产业融合，指出某些技术在一系列产业中广泛应用和扩散并导致创新活动发生的过程，可被视为发生了产业融合。其次，从产业边界演化的角度定义产业融合，指出产业融合是为了适应产业增长而发生的产业边界的收缩或消失。再次，从融合过程定义产业融合，认为产业融合是一个从技术融合再到业务融合再到市场融合的一个逐步实现的过程，如果缺乏某些必要的阶段，就不是真正的产业融合。最后，从产业组织的角度定义产业融合，将产业融合形容为通过技术革新打破产业间的壁垒，加强各产业企业间的竞争关系的现象。此外，从综合的角度对产业融合进行定义，表述为由于技术进步和放松管制，发生在产业边界和交叉处的技术融合，在经过不同产业或行业之间的业务、组织、管理和市场的资源整合后，改变了原有产业产品和市场需求的特征，导致企业之间竞争合作关系发生改变，从而导致产业界限的模糊化甚至重划产业界限。

另一方面，从产业融合的范围看，相关定义具体分为三个层次：首先，狭义层次的定义为产业融合是在数字融合的基础上出现的产业边界模糊化的现象。现实中不少信息制造企业和信息服务公司如英特尔、微软等所采用的"产业融合"的定义，其实都是狭义层次上的产业融合定义。其次，中观层次的定义为融合主要发生在信息化应用的相关部门，通过应用信息技术，形成新的产业部门，特别是服务部门，产业结构得以重塑。最后，广义层次的定义为融合不仅发生在信息产业及其相关部门，而且发生在所有的产业，是消除市场准入障碍和产业界限后，迄今各自分离的市场的合并与汇合。

（二）产业融合的特点

一是产业融合存在发展程度差异。产业融合是一个动态的发展过程，从融合萌芽到产业融合的最终实现需要一个过程，二者之间存在不同的发展程度。产业融合发展程度差异可以从两个方面来理解：一方面，产业融合不是某个企业或部分企业内部分工发展的结果，它是所有企业或占主体企业内部分工对社会分工替代的结果。因此，某个具备创新精神的企业从开始扩大分工到最终实现产业融合是一个动态的发展过程。另一方面，不同类别的产业融合的发展程度不同。两个及以上产业相互融合会形成新产业，并不一定意味着原有产业会消失。产业融合通常发生在产业边界，只是部分融合，不是完全融合。我们在研究时，经常用到"交叉""渗透"和"延伸"等词语来描述产业融合。有时，产业融合会导致原有产业的完全消失，以此形成新的产业。无论是何种融合方式，其形成的新产业同样遵循社会内部分工的发展规律，与原有的产业共同组成新的社会分工体系。二是产业融合不是简单的产业叠加。两个及以上产业相互融合，并不代表相对于原产业的产品类别增加、产量扩大或者市场规模扩大等产业"量"的改变。相反，产业融合是产业发展"质"的变化，融合形成新的产业具备新的产业属性，或改变生产过程，或改变生产结果，从而具备与原产业不同的技术或产品属性。

（三）产业融合的产生条件

学者们关于产业融合内涵的一系列解释，揭示了产业融合的基本特征和规律。图 2-1 展示了产业融合的前提、条件、雏形、完成及各个内部因素相互作用的关系，基本回答了"产业融合是如何发生的"这一问题。

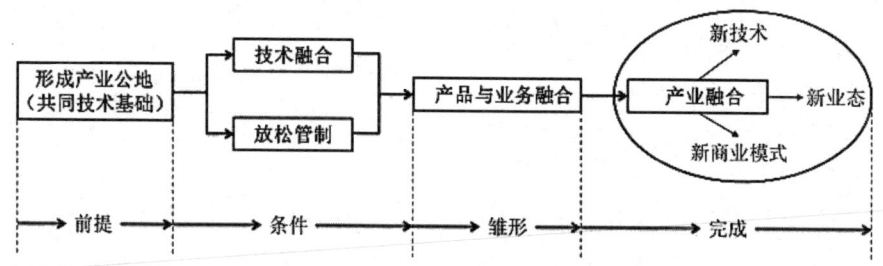

图 2-1 产业融合的形成过程

具体表现在以下三个方面：第一，产业融合发生的前提条件是产业之间具有共同的技术基础及随之产生的技术革新，即必须形成产业公地。产业之间存在共同的技术基础，就能够发生技术的融合，即某一产业的技术革新或发明开始有意义地影响和改变其他产业产品的开发特征、竞争和价值创造过程。"共同的技术基础及技术革新"的概念被进一步总结为"产业公地"的概念，即共享的一系列劳动力、组织、技术和制造能力的集合。产业的"公地"植根于供应商、消费者、合作伙伴、技术工人和地方机构（如大学）中，对那些需要共享的产业而言，产业公地就是竞争力之源。第二，产业融合的发生源于技术融合和管制的放松。一方面，技术融合是产业融合的内在原因，技术融合给产业融合带来了必要性和可能性。另一方面，管制的放松导致其他相关产业的业务加入本产业的竞争，逐渐促使产业走向融合。产业融合与放松管制之间存在着一个互动的过程：管制的放松为产业融合创造了制度环境；技术融合和产业融合的内在要求促使管制理论与政策不断改善以适应变化了的技术和经济条件。第三，产业融合最终得以形成的标志是新技术、新业态和新商业模式的诞生。根据有关学者的描述，产业的融合必须经过技术融合、产品与业务融合、市场融合，才算最终完成产业融合的整个过程。学者们也经常用是否形成新技术、新业态和新模式来判断经济中是否发生了过程完整的产业融合。

二、农村三产融合概述

（一）三产融合的定义

三产融合，在经济学上主要是指一二三产业的融合。人类社会中工业革命的出现使各个产业之间具备了一定的可划分性，产业之间出现了较为细化的分工，呈现越来越精细的专业化倾向，这使价值产出不断提升。但是在以互联网为基础的第四次科技革命时代，在经济运行的信息化及全球化发展趋势下，许多新兴产业出现了技术及运营方式等方面的融合与交叉，这在客观上使产业基于分工下的外在界限不断模糊，新兴产业之间出现的技术性融合成为产业之间模糊界限的事实推动力。这种新技术下的产业融合逐渐普遍化，在学术界也形成了较为火热的研究氛围。在学术界的大量研究立论中存在较大的分歧，但是国内外学者一致认为科学技术的快速发展、政府间及国际政策的放松与政策激励是产业间融合的关键动力。笔者认为，三产融合是指三大产业之间不断出现产业内外之间的渗透、交融，并不断促进自身产业发展或者形成新产业的动态发展过程。三产融合的主要动力在于新的科学技术的出现与发展、政府及国际经济产业政策的放松与激励，其发生的主要背景在于经济的全球化、信息化。

（二）农村三产融合的定义

2015 年的中央一号文件正式提出农村三产融合概念，支持并鼓励各产业之间的融合发展。2017 年，中央一号文件再次提出并强调农村三产融合，但实际上是以农村为主要地域空间的三产融合，在政策层面尚未出现，只在研究学层面被提及。在此提法的基础上，学术界通常以农村产业融合的方式进行表述。但是，虽然政策中并未明确指出农村三产融合，但是三产融合作为一个宏观的定义项，其在空间地域上，应当包括城市和农村。在此分析下，笔者认为，农村三产融合是产业融合态势在农村的空间维度下的定义。具体而言，农村三产融合是在农村三大产业边界模糊的事实基础上，不断推动农村产业优化，促进现代农业产业、生态农业产业发展，不断推动新的利益联系机制的出现与稳固，将农村的三类产业进行紧密的、科学的、持续性的融合，从而实现农村三产协同进阶发展，促进农村经济、社会、生态、文化等全方位进步。农村三产融合的最终目标仍然在于提升农民的收入，实现农业产业现代化。

农村三产融合的目的是维护农业、农村和农民的利益，脱离这一中心去搞融合，与初衷相悖，甚至会损害"三农"利益。农村三产融合绝不是简单地把第二、第三产业移植到农村，进行产业叠加，其发展模式也不同于早期的乡镇企业，农村三产融合是一个复杂而庞大的系统，是一个由产品、技术、服务、市场、经营者等要素构成的有机整体，需要我们树立整体观，按照系统论的观点，通过有效的组织方式和完善的利益联结机制来推进，使之相互促进，实现多方共赢。

1.农村三产融合的主体

农村三产融合的主体是农业、与农业相关的加工业、与农业相关的服务业。按照《国民经济行业分类》（GB/T4754—2017），农业即农、林、畜牧、渔业和农、林、牧、渔专业及辅助性活动（如种子种苗培育、畜牧良种繁殖等）；与农业相关的加工业主要指农产品的精、深加工（如谷物加工、饲料加工等）；与农业相关的服务业主要指农资、农技、培训、信息、流通、休闲、金融保险等服务业。农村三产融合的"主体"不是指经营主体，而是指有关的个人、组织、团体等，如农户、家庭农场、农民合作社、农业龙头企业、农业供销合作社、产业联盟等。

2.农村三产融合的客体

农村三产融合的客体是指具体融合的对象，包括技术、产品、服务和市场等。例如，运用农产品加工技术、保鲜存储技术进行农产品精深加工和保鲜存储，提升农产品的附加值和品质，实现农村一二产业融合。又如，将大数据、人工智能、生物技术等高科技应用于促进农作物生长、防治病虫害等方面，进行实时遥感监测，推动可视农业发展。发展农村观光旅游，拓展旅游市场，实现农旅融合，推进农村一三产业融合发展。

3.农村三产融合的目的

农村三产融合最直接的目的是延伸农村产业链，提升价值，拓展功能，实现农业增产、农民增收、农村宜居，增加农民福祉；最根本的目的是实现农业转型升级和高质量发展，推动乡村振兴，最终实现农业农村现代化。党的十九届五中全会提出，推进"新四化"同步实现，到2035年基本实现社会主义现代化的远景目标。其中，农业现代化是关键。时间紧迫，任务繁重。

4.农村三产融合取得的结果

农村三产融合的结果表现为：一是产业边界模糊。农中有工、农中有旅。例如，农业工人在大蒜农场加工、制作蒜片，游客在果园观光旅游，等等。二是新兴业态产生。如农村物流、农村电商、乡村旅游、文化农业、创意农业、立体农业、可视农业等。三是新的商业模式形成。如农户、农场、农民合作社与龙头企业、超市等工商实体合作，以"农户＋N""农场＋N""合作社＋N"等模式，共同开展农产品生产、加工、销售、运输等经济活动。这样一来，一二三产业经营者的利益就联结在一起。四是融合载体多种多样。如农业产业园区、产业集聚区、农产品加工园区等，有的地方还推行"一村一品"项目，每个村子都承担着推动农村三产融合的重要任务。

（三）农村三产融合的本质特征

尽管学术界对农村三产融合的定义并不系统和全面，但通过上文对其内涵和发展模式的分析，可以归纳出农村三产融合的本质特征。这是我们推动农村三产融合发展、落实乡村振兴战略的重要着力点。

第一，农村三产融合的本质是延伸农业产业链和价值链。一方面，农村三次产业融合必然要求农业生产环节与工业、服务业生产环节进行有效连接，以实现农业从生产、加工到流通、消费等环节的更长链条的产业化发展。另一方面，农村三次产业融合广泛地依托农村新产业、新业态、新模式、新平台，在融合的过程中，不仅涉及相互融合的产业、产业主体之间的利益联结，同时也拓展了农业的利益空间，实现了农业的价值增值，有效延伸了农业的利益链条，这是推动三次产业深度融合的激励因素。

第二，农村三产融合的根本目的是增加农民的收益。农村三产融合要明确融合的主体和利益主体都是农民，农业和农村的发展归根结底都是为了农民的发展，农民发展的基本目标是提高农民收益。农村三产融合节约了农业交易成本、提升了农产品价值、提供了更多增加农民收入的机会，因而能够提高农民的收入水平。同时，三产融合还有利于满足城乡居民日益多样化的消费需求。

第三，农村三产融合的关键是充分挖掘农业非传统功能。新中国成立以后，中国农业经历了快速发展，但是由于农业对资源环境的客观依赖性，传统农业生产模式的发展空间已经被开发殆尽。三次产业融合发展的目的是有效拓展农业发展空间，依靠传统的农业生产业态是很难实现的，必须充分发挥农业的非传统功能。挖掘农村田园、乡土文化等农业资源优势，引导其与旅游产业、文化产业、教育产业深度融合，实现农业从传统产业向非传统产业的转变，提升农业的非传统功能，提高农业价值的创造能力。

第四，农村三产融合的载体是不断升级的各种平台。农村三产融合涌现出众多新产业、新业态、新模式，与传统农业生产的分散性经营相比，这些新业态表现出集聚发展的特征，并且以现代农业产业园、农业科技园区等为载体。这些平台不仅具有良好的硬件条件，而且集聚了大量的资金、技术、人才优势，能够为三次产业融合发展提供发展空间。同时，这些平台往往具有完备的制度环境，能够充分调动经营主体的积极性、主动性、创造性，有效提高了三次产业融合发展的效率，有利于推动三次产业深度融合发展。

（四）农村三产融合模式的分类

农村三次产业融合发展是以农业为依托，以市场需求为服务导向，通过将农业与资源、环境、技术、文化等要素有机结合，打破产业间的割裂，加深三次产业之间的关联程度。随着农村三产融合的推进，各地出现了不同的实践模式。从已有文献看，学者对三产融合模式进行了诸多分析和总结，但是并未提出明确的划分标准或者依据，导致三产融合模式层出不穷、优劣难辨。本文尝试从产业类型、融合主体及利益联结机制等角度对三产融合模式进行分类。

1.按照产业融合所包含的产业类型划分

可以分为"1+2"模式、"1+3"模式和"1+2+3"模式。顾名思义,"1+2"模式是指一产与二产相互融合的模式,是充分利用加工技术、制造技术和纺织技术等来提升农产品附加值的模式。"农户+加工企业"是此种模式中具有典型特征的融合形式;"1+3"模式是指一产与三产相互融合的模式,与"1+2"模式类似的是,"1+3"模式是指充分利用餐饮业、批发业、零售业、仓储业、物流业、旅游业、康养业及互联网相关服务来拓展和提升农业价值的模式。比较有代表性的有农家乐、农业旅游、农产品电商服务等;"1+2+3"模式是指三次产业全部参与产业融合的模式,相较于前两种模式,"1+2+3"模式拥有更长的产业链条,农业与非农产业的融合度更深,更有利于发挥和利用农业的多功能性,提升农户在价值链分享中的地位,是产业融合最具代表性的模式。众所周知,韩国的农业并不发达,农产品多依靠进口,但是近年来韩国农村的六次产业融合发展在延伸农业产业链条、提升农业价值链、增加农民收入及繁荣农村经济等方面取得了显著成效。以韩国江原道的大关岭羊群牧场为例,其改变了传统牧场单一的养殖职能,将旅游观光等服务业元素很好地融入羊的养殖过程,已成为韩国著名的旅游景点。大关岭羊群牧场集养殖、加工、观光旅游为一体,养殖者在参与农场发展的过程中收入成倍增加,牧场的收益也因为渠道的多元化而远高于传统牧场,是农村三产融合成功的典型。

2.按照产业融合主体划分

可以分为"拓展开发"模式和"合作融合"模式。农村三产融合的主体可以是一元的,也可以是多元的。一元主体的三产融合实践可以归结为"拓展开发"模式,即以某一产业的经营主体作为融合主体,以原本经营的产业为基础,拓展或开发原产业链条上的其他产业,从而达到产业融合发展的状态。例如,作为新型农业经营主体的种养大户或合作社,可以引进加工或制造设备,对农产品进行提高附加值的精深加工,并在自家经营的商店及电商平台上销售。坐落在浙江省杭州市临安区钱王街上的洪军茶叶批发行就是"拓展开发"模式中的典型。农户洪军经营着一个 30 亩的茶园，每亩茶园产茶 100～150 公斤，近三年当地茶叶销售给收购商的价格一般为 300 元/公斤左右，而通过自家经营的店铺来销售，每公斤茶叶可以多卖 100 元左右，30 亩茶园可增收 30～45 万元。"拓展开发"模式也可以使农产品加工企业成为融合主体～，为保证原材料标准统一，农产品加工企业将业务范围向产业链前端延伸，进入农业生产领域的"拓展开发"模式对融合主体的要求较高，融合主体只有具备发展其他产业的资金、技术、经营管理能力等要素后，产业融合才能够顺利进行。不能忽视的是，此种类型的融合主体享有融合发展利益的绝对支配权，独自承担融合发展的经营风险。

　　"合作融合"模式是与融合主体多元化相对应的，包含两个或两个以上产业的经营主体，是不同融合主体间通过有效的利益联结共同推进产业融合发展的一种模式。相较于"拓展开发"模式，"合作融合"模式对融合主体的要求比较低，包括"农户+龙头企业""合作社+农户+龙头企业""公司+合作社+基地+农户+互联网电商"等合作形式。例如，宁阳县温氏畜牧有限公司积极推行"公司+农户"模式，公司作为组织者和管理者，负责品种繁育、饲料生产、疫病防治、产品销售等工作，并为农户提供饲养技术指导，农户仅负责肉鸡的饲养。根据合同约定，公司定期回收商品肉鸡进行统一销售。通过产业融合，参与农户每年可获得毛利 7.5～12 万元。

　　3.按照利益联结机制划分

　　可以分为"初级融合"模式和"高级融合"模式。"初级融合"模式是指利益联结相对松散的融合模式，例如，合约型农业。合约型农业通过合同建立一产与二产、三产之间的有机衔接，降低了农户面临的市场风险。但是合约型农业中农户的收益是既定的，无法与融合利润有机衔接。"高级融合"模式是指利益联结相对紧密的融合模式，比较典型的是股份合作模式。股份合作模式是将土地经营权转变为股权，农民转变为股东，采取"保底收益+按股分红"的形式，使农户可以分享到加工、销售、流通等环节的收益，融合主体之间利益共享、风险共担。早在 2008 年，浙江省建德市高岭村 170 多户农民就以土地作为股份，与杭州一家企业合作成立公司，共同开发当地具有特色的农产品和田园风光。这种利益共享、风险共担的模式不但吸引了农业以外的资金、技术等要素，而且激活了农村的土地、劳动力等要素，繁荣了当地的农村经济。

4.按照产业初始融合的动因划分

可以分为"自发融合"模式和"扶持融合"模式。"自发融合"模式源于产业经营主体对融合发展利润的追求，主动通过农业开发或产业联合的方式延长农业生产链条，形成"三产融合"发展的客观结果。而"扶持融合"模式是指政府或行政事业单位通过财政、税收、金融、土地、技术等方面的优惠政策或措施，帮助产业经营主体突破产业间的壁垒，实现产业之间的有机衔接。目前国内绝大多数农业示范园、农业产业园、田园综合体、农业特色小镇、农业科技园和返乡创业园都属于"扶持融合"模式。2017年7月，浙江省某市某区供销合作社以当地较好的"四季仙果"资源为基础，通过培育主导产业、完善产业链条、创新产业主体、优化发展方式及入股经营、产权联结等措施，实现了不同产业主体抱团发展，形成了相对成熟的融合发展模式和产业链条。当地围绕"四季仙果"发展高效生态循环农业，深度对接"四季仙果"产业，打造了集引领、示范、乡游、体验功能于一体的现代农业示范园，促进了生产、加工、销售各环节紧密配合。

（五）农村三产融合的动因与效应

农村三产融合的提出及实施是顺应农业现代化发展趋势的必然选择，农业竞争力的提高、农业产业化水平的提升及农业供给侧结构性改革都在倒逼着农业农村生产经营方式转变。我国农村三产融合能够创造新的经济增长点，推动农业生产经营方式转变，加快推动农业结构转型升级。

1.农村三产融合的动因

（1）三产融合与农业综合竞争力的提高

现阶段，从农业结构上看，我国农业存在结构单一的问题。从农业产品上看，农产品存在供需不匹配的现象，传统的农产品供给不能满足城乡居民消费结构升级的新需求。从生产成本上看，农产品生产成本的不断攀升是导致生产效益低下的主要原因。农村三产融合是解决上述问题的必然选择，通过农村三产融合能够制造出更多质优、价廉的农产品，满足多方消费需求，提高农业竞争力。

（2）三产融合与农业产业化水平的提升

三产融合不是农村三个产业的线性相加，而是三个产业的交叉融合。农户不再只是参与农产品生产，还将参与农产品生产以外的制造和服务等行业。三产融合的提出将改变传统的农业发展方式，形成制度更健全、利益联结更紧密、各个主体参与度更高的农业融合新模式，进而逐步提升农业产业化水平。

（3）三产融合与农业供给侧结构性改革的推动

我国农业矛盾主要存在于供给侧，突出为结构性、体制性问题。因此，必须从供给侧入手，从体制机制上对我国农业农村进行革新。三产融合的提出正是对农业供给侧结构性改革的践行。推进农村三产融合将不断完善农业体制和农业创新机制，将使产品结构、产业结构、经营结构、区域结构更加合理，是一次广泛的生产力调整，也是一场深刻的生产关系变革，将推动我国农业不断发展。

2.农村三产融合的效应

（1）三产融合与农业经济增长

农村三产融合的提出将让利于农民，留住更多的农村劳动力，使在家从事农业生产经营的农民收入与外出务工人员的工资持平，这样才能形成良性循环。让农户分享农业第二、三产业增值中的红利，利益更多留给农户，增加农户的收入。长期以来，由于我国农业农村发展比较落后，农产品利益大多被从事农产品加工和服务的企业占据。三产融合的发展将使农业生产者和企业形成利益共同体，让农业从业者分享到农产品种植之外的利益。只有这样才能调动农业生产者的积极性，促进农业农村的经济发展。因此，三产融合的发展利于促进经济增长。

（2）三产融合增加社会福利

农村三产融合的发展，促进了农产品的提质增效，增加了社会的总福利水平。下面通过剩余价值分析法，对农村三产融合实施后社会总福利的变化加以分析。三产融合的社会福利效应分析如图 2-2 所示：

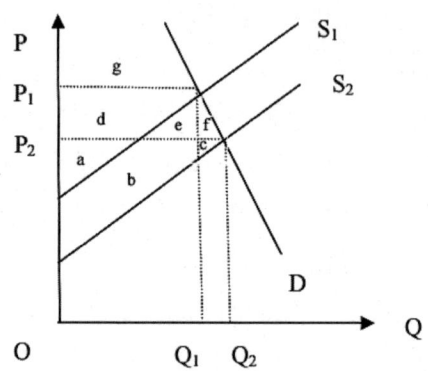

图 2-2　农村三产融合发展的社会福利效应

纵轴表示农产品的价格（P），横轴表示农产品的供给和需求数量（Q）。三产融合前的农产品供给和需求曲线为 S_1 和 D，三产融合后的农产品供给曲线为 S_2。假设需求不变，则需求曲线不移动。农村三产融合使生产经营模式由粗放型向集约型转变，从而生产出更多物美价廉的农产品。供给曲线由 S_1 移动到 S_2，在农产品需求价格弹性为刚性的假设前提下，需求曲线不移动，均衡价格和产量由（P_1, Q_1）变为（P_2, Q_2）。三产融合前，生产者和消费者剩余分别为（a+d）和 g，总和为（a+d+g），即为产业融合前社会福利总和。三产融合后，生产者和消费者剩余分别为（a+b+c）和（d+e+f+g），总和为（a+b+c+d+e+f+g），即为三产融合后社会福利总和。则（b+c+e+f）为三产融合后社会福利增加额。

（3）三产融合有利于农业结构转型升级，提高农业竞争力

农业产业化是指农业与其他产业间的相互渗透，其将促进农业结构重组、推动农业转型升级。农业的"接二连三"，是指其渗透了二、三产业。从而丰富了农业的内涵、拓宽了农业的外延、提高了农业的综合竞争力。农村三产融合

解决了农业内部资源配置不合理问题，通过农业产业化的发展方式升级、置换农业要素，形成新的产业结构以满足长远发展的需要。

第二节　农村三产融合的必然性与可行性

一、农村三产融合发展的必然性

学者对农村三产融合发展的必然性研究，可以总结为三点：一是宏观农村社会发展方面的必然性，即农村社会转型发展的重要支撑；二是中观农业产业发展方面的必然性，即建设现代农业产业体系的必由之路；三是微观市场主体发展方面的必然性，即农户增收、农企发展、消费需求满足的必然选择，如图2-3所示：

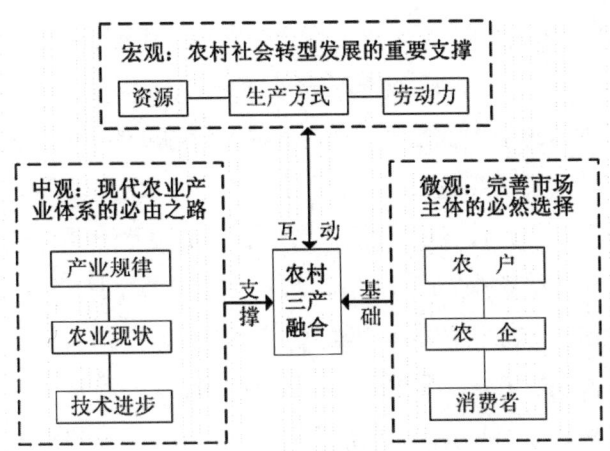

图 2-3　农村三产融合发展必然性的逻辑关系

（一）宏观：农村三产融合发展是农村社会转型发展的重要支撑

首先，综合开发农村资源的需要。中国农村地区拥有丰富的地形地貌、多样的生态环境、深厚的文化底蕴，为农村经济社会发展奠定了重要的资源基础。而传统的农村经济由于主要集中于农业耕作、农产品初加工等环节，过多关注农业的粮食安全功能和经济功能，而对环境、文化、社会等日益凸显的农业功能则关注不足。

其次，留住农村人才资源的需要。农村地区长期处于农业产业链、价值链的末端位置，导致农业生产利润及附加值长期被加工、物流、销售等环节压榨，农村地区居民收入增长缓慢，农村青壮年劳动力长时间、大规模地向农村以外的地区流动。这不仅导致农村人才资源严重流失，生态环境和文化资源也在不同程度上遭受破坏，使得农村破败不堪并引发一系列社会问题。

最后，转变农业生产方式的需要。随着中国经济发展进入新常态，资源环境约束明显加强，农村地区长期依靠的以拼资源、拼投入为主的粗放式农业发展道路已经难以为继，因此必须转变农业生产方式和农村地区经济发展方式。

（二）中观：农村三产融合是现代农业产业体系的必由之路

从产业发展的内在规律看，产业融合是农村经济发展的重要途径。随着互联网技术融合应用企业的快速崛起，产业融合加快了产业边界的模糊或消失，几乎任何产业的快速发展都是建立在与其他产业融合的基础上的。农村三产融合发展通过第二产业的深加工、第三产业的市场供求信息服务、农业生产核心技术改进、农产品文化价值深度挖掘等方式，将产业融合贯穿产品生产、消费全过程，实现对传统农业的产业创新，如粮食深加工行业、农产品的品牌化包装、耕种体验游、农业观光休闲游等。

从农业发展现状看，农业进一步发展需要同二、三产业融合。农业生产面临着一系列问题，如农业资源空间潜力有限、部分主产区耕地过度使用，农产品价格"天花板"、成本"地板"问题突出，农业产业链、价值链的整合协调机制亟待健全，等等。而农村三产融合发展能够通过改良农业种植技术、使用农业机械设备及利用新的加工存储运输条件等方式促进生产要素在产业间的流动，有利于提高农业竞争力。

从技术进步看，农村三产融合发展具有便利的技术条件。在产业融合理念指导下，互联网信息技术的快速革新，使"互联网+""创客""众筹"等新经济不断涌现，为农村三产融合发展提供了广阔的产业空间，也延长了农业产业链、价值链，有利于拓展农业功能、提高农业综合效益。

（三）微观：农村三产融合发展是完善市场主体的必然选择

首先，提升农户经济地位的需要。刘明国认为，由于农业生产受成本抬升、价格"天花板"的双重挤压及农户外出务工数量的增长放缓，农民生产性收入、工资性收入增幅明显趋缓，使其收入增长面临严峻挑战。由于城乡二元体制还没有完全消除，农业生产中依旧存在过剩劳动力，使其就业比重很难随着工业化、城镇化的提高而下降到发达国家的水平，也就导致了其工资性收入很难大幅增长。同时，在农业价值链中，农户市场中的弱势地位，使其虽居于产业链的基础地位，但并不能分享农产品加工、流通环节的增值收益，始终处于价值链的末端位置。

其次，增强农企市场竞争力的需要。赵海认为，由于农产品加工企业市场竞争力不强，导致农业产业链各环节处于脱节状态。主要表现在：其一，农产品主产区的企业因生产规模较小、加工转化能力较弱，所以不能形成聚集效应和规模经济，使得主产区往往成为"原"字号农产品的调出地；其二，由于农产品加工区、主销区的企业上游基地建设滞后，原料主要来自市场收购，导致原料价格波动大、供应不稳定等。

最后，满足消费者多样化需求的需要。城乡居民对农产品的消费需求日益呈现优质化、个性化和多样化的趋势，日益成为农产品消费需求新的重要增长点。一是城乡居民对农产品功能要求提高，从"吃得饱"向"吃得好"转变，农产品的消费日益多样化和营养化。二是以休闲旅游为重要内容的城乡居民时尚消费需求增长迅速。这就要求农业应该从单纯地提供初级产品向精深加工方向发展，大力发展农产品精深加工业，改变以往只注重农业产品功能而忽视其他功能的情况，利用产业融合生产融合性明显的农业生态文化产品。

二、农村三产融合的可行性

本文借用日本学者今村奈良臣的六次产业概念来分析农村一二三产业融合的实现机制。之所以取名六次产业，原因在于 1+2+3=6（加法效应）和 1×2×3=6（乘法效应）。加法效应意指"接二连三"，即延长产业链；乘法效应意指一二三产业之间的交互融合，即形成新业态。据此，本文把农村三产融合分为"工序性融合"和"结构性融合"两大类。所谓"工序性融合"，是指产前、产中、产后的融合，结果是创造新产品；所谓"结构性融合"，是指三大产业的跨界横向融合，结果是产生新功能、创造新业态。

在农村一二三产业融合过程中，加法效应和乘法效应同时存在，实现价值增值。为了说明农村三产融合的实现机制，本文引入生产可能性曲线概念，对加法效应和乘法效应进行机理分析。假若在既定的资源和技术条件下生产两类产品，一类是低附加值产品，一类是高附加值产品，其生产可能性曲线如图 2-4 所示。A 点表示未充分就业状态下的农业生产，没有达到这两种产品的最大数量组合。加法效应可使 A 点移到 B 点，达到两种产品的最大数量组合，同时进行替代生产，高附加值产品比低附加值产品增加更多。乘法效应可使 B 点移到 C 点，生产可能性曲线外移，同时进行替代生产，高附加值产品大大增加，而低附加值产品产出可能会减少。

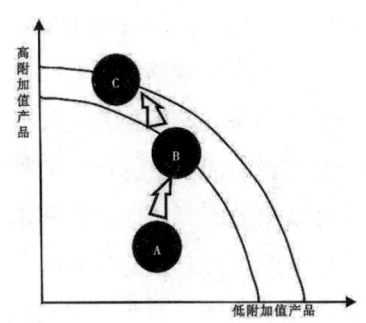

图 2-4　三产融合使生产可能性曲线边界发生的变化

　　因此，加法效应实现"工序性融合"，使生产可能性曲线内的点外移到曲线上，乘法效应实现"结构性融合"，使生产可能性曲线外移。加法效应是规模经济作用的结果，乘法效应是规模经济和范围经济共同作用的结果。对此，我们作出理论解释：

　　马歇尔认为规模经济形成有两个途径：源于内部规模经济和由于多个企业分工等行为形成的外部规模经济。据此，三产融合中由于加法效应而存在的规模经济当属外部规模经济。

　　加法效应使产业链条加长，但生产的仍然是满足消费者生理需求的食物，不过，生产主体趋于多元，生产规模大大增加了（量的扩张）。其获利的原因是产业集聚发展引起区域内生产企业整体的成本下降。规模经济产生于固定资产的不可分割性和固定成本的可分摊性，例如，农村道路、水利和通信设施等。农村环境的改善、农业经营主体间的协同、专业合作社的服务是实现三产融合外部规模经济的根本途径。

　　乘法效应创造新业态，用同样的资源生产出多类产品，满足消费者物质和精神需求（质的变化）。如果把农村三产融合系统抽象为一个多产出组织，那么我们可以用范围经济理论对融合的乘法效应进行解释。基于农业系统的基本经济技术特征，该多产出组织有如下特点：①产出多元化。其产品大体上可分为两大类：满足物质需要的产品，如食物；满足精神需要的产品，如乡村旅游、农家乐等。产生三种效益：经济效益、社会效益（包括生态）和安全效益。②投入主体多元化。农村三产融合的投入主体多，既有国家和地方政府的投入，也有社会资本的投入；既有新型农业经营主体的投入，又有工商资本的投入。尤其是在乡村振兴战略实施的大背景下，动员各渠道资本参与农村三产融合是一个必然趋势。这些投入主体能够共同分享一定的有形和无形资源，共同分摊一定的投入成本。③产出的外部性。农村的物质产品和精神产品之间存在着相互溢出效应。第一产业和第二产业生产的高品质安全食品吸引顾客，促进乡村旅游等第三产业的发展。反过来，第三产业发展可提升对第一产业和第二产业的消费。因此，由农村三产融合的多产出特征和多产出组织的特点可知，用范围经济理论解释三产融合的机理具有科学性。根据周天勇（2005）对范围经济的重新定义，考虑时空因素，范围经济可分为厂商范围经济和区域范围经济。一个区域的多个产业的成本收益相较于本区域单一产业具有成本小、收益高的特点，称之为区域产业范围经济。

乘法效应本质上是资源在三次产业间的优化配置，用同样的资源生产多种产品，多产出之间的相关性，使创造新业态的"组织"具备了实现范围经济的基本条件。范围经济的存在能促成相关过程之间的相互交叉和融合，其产品能满足个性化需求（贺琨等，2015），三产融合具备实现范围经济的条件和满足城乡居民个性化需求的特征。因此，由于加法效应和乘法效应的作用，促成了规模经济和范围经济条件的形成，农村三产融合有其学理基础，从理论上说是可行的。

第三节　农村三产融合的发展历程

农村一二三产业的融合是一个连续的过程，是在中华人民共和国成立七十多年，特别是在改革开放四十多年以来，根据新形势、新问题、新阶段，探索建立并实施出的一系列制度和政策。为此，本节梳理了改革开放以来我国农村一二三产业的发展历程，以便进一步探索我国农村的三产融合发展。

一、乡村产业发展初具雏形（改革开放之初）

1978 年，安徽省凤阳县小岗村实行的家庭联产承包责任制首次实现了土地的两权分离，将所有权和经营权分离开来，所有权仍归集体所有，农户可以通过承包来获得土地的经营权。这一制度采用自主经营、自负盈亏的模式，不仅打破了计划经济旧体制，而且极大地激发了集体的优越性和个人的积极性，解放了农村生产力，促进了农村劳动生产率的提高和农村经济的发展，这是我国农业产业化的雏形。这种生产方式解决了温饱问题，但温饱解决之后如何进一步提升农民的生活水平并释放经济活力，仍是当时需要考虑的问题。1978 年党的十一届三中全会明确要求"尽快建成农工商联合企业"，农工商三者的联合从狭义上看，是对农业领域进行全方位的综合经营，将农业的产、存、运、销结合起来；从广义上看，是结合农业生产过程中的前端部门（生产与供应生产资料）、中心部门（农林牧副渔）和后端部门（加工销售农产品），实行综合经营的农业经济组织。改革开放后，我国农工商三者的联合发展意味着农村地区的一二三产业融合发展有了新的起点。

二、乡镇企业引领农村产业发展（20 世纪 80 年代）

家庭联产承包责任制大幅提升了农村生产力，更多的农产品需要进入市场，以农业买卖为基础在农村周围形成了商品集散点。但是随着交易规模的扩大和交易方式的多样化，农民逐渐认识到了单纯依靠农副产品交易很难使自身的收入获得更大幅度的提升，为此，在当时的历史环境下，以农产品的交换为基础，依托农业和农业的延伸产业，乡镇企业成为了我国最早出现的农业和其他产业融合的组织模式，这也顺应了时代的发展要求。在 1984 年的中央一号文件中，中央明确提出社队企业（即乡镇企业）对农村经济的发展有着重要作用。文件还要求，农村地区的所有企业、事业单位均"按照互惠的原则，通过提供当地农民需要的各种服务，与农民共同建设农村的物质文明和精神文明，为促进商品生产发展、加强工农联盟、建设社会主义新农村作出新的贡献"，进而促进乡镇企业的发展。同年，中共中央、国务院正式提出要改社队企业为乡镇企业，指出："乡镇企业是多种经营的重要组成部分，是农业生产的重要支柱，是广大农民群众走向共同富裕的重要途径，是国家财政收入新的重要来源。"此外，国家还出台了关于推进城乡、工农互动发展的相关政策。这一时期，我国乡镇企业的发展环境大大改善，一二三产业也由计划经济时期的割裂局面转变为了相互融合的发展局面。

三、贸工农、产供销蓬勃发展（20 世纪 90 年代）

乡镇企业在经历了十几年的发展后，农村地区的生产活力得到了极大的释放，但由于分散农户难以适应市场经济的模式，使部分农产品出现了滞销。为解决这一难题，有关部门在全国范围内积极展开实践，探索推动农业市场化的发展模式，最终选择了"贸工农、产供销一体化发展"的协调发展模式。1993 年国务院出台文件，要求将"种养加"和 "贸工农"结合起来，在农业领域开拓新兴产业，促进一二三产业之间的协调发展，发展系列化综合服务，推动贸工农一体化、产供销一条龙的形成。为进一步落实党的十四届五中全会提出的"大力发展贸工农一体化经营"的模式，1997 年印发的《关于发展贸工农一体化的意见》的通知提出，贸工农一体化试点的品种和范围要在一定程度上适当扩大，相关的利益联结机制、运行机制也要进一步探索建立，要把产业链中存在的薄弱环节强化，从多个方面（如改造技术、整合资源、金融支持等）对贸工农一体化龙头企业的发展展开支持。这一时期在全国范围内掀起了一股探索农业市场化和产业化发展的高潮，成为了我国农村一二三产业融合发展的关键时期，并最终形成了农工商、产供销一体化的农业发展模式。

四、乡村产业快速推进（21 世纪初期）

2001 年 12 月 11 日，中国正式加入世界贸易组织，农业进入了对外开放的新阶段，极大地促进了中国乡村新兴产业的不断涌现和快速发展。《中华人民共和国国民经济和社会发展第十个五年计划纲要》提出，在推进农业现代化的过程中，农业产业化是重要途径之一，鼓励多种经营方式（如公司+农户、订单农业等）的发展，在农户与生产、加工、销售农产品的相关企业之间形成共享利益、共担风险的联结机制。20 世纪 90 年代贸工农、产促销一体化发展的模式升级为农业产业化发展，在推动农业产业化发展的过程中，政府积极支持，在财税及信贷贸易等多个方面给予了政策优惠，快速扶持了一批重点龙头企业，提高了农产品的加工转化率，完善了利益、风险、监管和行业内协调等方面的机制。具体来看，中央为支持龙头企业的发展，在财政方面设立了专项资金推动农业产业化；税收方面，国家对龙头企业、农产品增值税等相继出台了所得税减免、增值税抵扣等优惠政策；信贷方面，农业农村部与中国农业发展银行下发了《关于支持农业产业化龙头企业发展的意见》，对龙头企业的相关方面给予贷款支持；贸易方面，进一步拓宽了龙头企业的经营范围，同时降低了其成立进出口公司的门槛等。此外，农业产业化政策也对农业产业化示范基地给予了一定的重视。2011 年农业部（现农业农村部，下同）成立示范区，促进集群化发展龙头企业、推动农业标准化和规模化生产及建设农产品品牌质量等。此时，我国的农业和相关产业的融合趋势更加明显，农业领域也逐步摆脱了单一的空间和要素制约。

五、乡村产业进入转型期（党的十八大之后）

在党的十八大报告明确提出"加快转变经济发展方式""着力推进绿色发展、循环发展、低碳发展，形成节约资源和保护环境的空间格局、产业结构、生产方式、生活方式"。在这一背景下，全国乡村产业开始绿色转型，推动了休闲农业、乡村旅游业等的蓬勃发展，休闲农业已经成为了重要的新型农业产业业态和新型消费业态。农耕文化、养生养老、乡村旅游、创新农业等成为了新时代农村产业融合的新领域，在农村地区呈现出了乡村景观化、业态多样化、布局集群化和产业融合化等新型特点。为更好地保存乡村传统文化和底蕴，完善农村产业体系，优化农村居民环境，提升农村居民生活水平作出了新的贡献。

2014 年国务院下发的《关于推动文化创意和设计服务与相关产业融合发展的若干意见》明确提到文化创意和设计服务与农业之间的融合发展，通过文化创意和设计服务推动农业创意化、现代化。2015 年中央一号文件首次提出"推进农村一二三产业融合发展"。2015 年 12 月 30 日，《国务院办公厅关于推进农村一二三产业融合发展的指导意见》针对农村产业融合发展，从国家层面对农村一二三产业融合的主体、方式、产业融合的服务、推进机制、相关利益联结机制五个方面作出要求。2016 年中央一号文件强调"推进农村产业融合，促进农民收入持续较快增长"。同年，农业部和发改委等部门为加大对农村产业融合发展的支持，都出台了专门的政策。农业部办公厅、中国农业银行办公室、中国农业发展银行办公室分别先后联合印发《关于金融支持农村一二三产业融合发展试点示范项目的通知》《关于政策性金融支持农村一二三产业融合发展的通知》。

六、产业融合进入战略机遇期（党的十九大之后）

在党的十九大报告中，习近平总书记提出了实施乡村振兴战略，这一战略为乡村产业的发展带来了新的机遇。各地顺应乡村振兴战略机遇，结合自身优势，积极探索适合自身的产业融合方式，形成了全产业链融合模式、技术主导融合模式、产业集聚和产业链延伸等融合模式。在融合的过程中，各式各样的新型主体加快培育，农民合作经济组织蓬勃发展，各地为引领未来高端农业发展、延长产业链条，积极培育大型农业龙头企业；各地发挥专业大户、家庭农场的示范推广和引领作用，鼓励其向产业上下游积极扩展，培育新型经营主体。在融合过程中，逐步形成了日益密切的利益联结机制。2018 年中央一号文件将"农村一二三产业融合发展水平进一步提升"列入"到 2020 年，乡村振兴取得重要进展，制度框架和政策体系基本形成"的重要目标，首次提出发展乡村共享经济、创意农业和特色文化产业，进一步扩大了农村一二三产业的融合范围。2019 年中央一号文件强调要培育农业产业化龙头企业和联合体，推进农村产业融合发展示范园的建设，进一步完善农村一二三产业融合发展的利益联结机制。同年 6 月发布的《国务院关于促进乡村产业振兴的指导意见》，明确农村一二三产业融合是提升农业、繁荣农村、富裕农民的重要路径，明确指出力争用 5—10 年的时间，农村一二三产业融合发展增加值占县域生产总值的比重实现较大幅度提高。2020 年中央一号文件明确提出，支持建设农业产业融合发展示范园，办好农村"双创"基地；将小农户融入农业产业链，重点培育新型农业经营主体和农业产业化联合体。2022 年的中央一号文件提出要建立现代农业产业园和产业强镇，培育优势特色产业集群。聚焦产业促进乡村发展，提出持续推进农村一二三产业融合发展，主张加快落实保障和规范农村一二三产业融合发展用地政策。2023 年中央一号文件支持国家农村产业融合发展示范园建设，深入推进农业现代化示范区建设，实施文化产业赋能乡村振兴计划。从一系列政策可以看出，我国农村一二三产业的融合发展进入了战略机遇期，面临着前所未有的良好发展环境。

第四节　农村三产融合的理论基础

一、产业融合理论

产业融合理论是用于解释各个产业与其他不同的产业之间彼此界限模糊，经过相互渗透并相互影响并最终形成一个新的更大的产业的过程。而这个过程的开始是由于日益激烈的市场竞争和生产技术的进步刺激了不同行业的企业，导致市场竞争变得激烈，使企业更加注重自己的产品是否能更好地满足消费者的需求，所以企业家们为了提升自己的综合竞争力从而运用了技术手段，而正是由于新技术手段的运用使原本各不相干的不同产业开始出现互相融合的趋势。随着技术的进步，产业间开始出现界限模糊的现象，随后便出现了彼此间的渗透，最后产生了融合，从而发展成了一个新的行业，这就是行业一体化的过程。产业融合经过一系列的演变所带来的结果就是旧行业逐渐被新行业取代，这是由于新行业较旧行业而言有着更顽强的生命力，也拥有更多的工作岗位和更高效的生产方式从而能产生更高的经济效益。

而农村产业融合就是在农村地区，依托基础农业和当地的区位特色，使农业与其有关联的产业实现融合发展，而且具有一定的规模，发展规模经济，让农户在参与中提升幸福感，实现收入增长，也让当地经济发展实现增长。

二、规模经济理论

亚当·斯密对工业时代的产业分工协作体系进行了系统研究，他在《国富论》中多次指出，生产效率的提升及工人劳动技能熟练程度的提升都是在分工协作体系下产生的结果。在此之后，阿尔弗雷德·马歇尔对规模经济理论著书立说，并在他的《经济学原理》中对此理论进行了更深层次的研究，他认为，在企业运营过程中，对采购、生产、销售的每个环节进行细分，都能充分体现出规模经济的效果。他还指出，规模经济效果的产生并不仅仅限于单个企业内部，而是多个企业联合的外部经济，但是企业规模并不能无限制地扩大，这会限制市场"完全竞争"的活力。在此之后经济学家罗宾逊和张伯伦对垄断竞争进行补充，在一定程度上对以上各种理论体系进行了总结与补充。规模经济理论也得到了马克思的认同，他在《资本论》第一卷明确指出，工业化生产必须以规模生产为前提，实现规模化生产，不仅能优化资源要素，提升劳动生产率，而且可以压缩能耗及实现产供销一体。

随着企业生产规模的扩张，其盈利能力、利润水平也随之上升，这就表示实现了规模经济效应。它从某个侧面体现了资源要素聚集与盈利能力提升之间的关系。规模经济之所以具有比较优势，其原因是企业生产总成本会随着产量的增长而稀释，单位成本明显下降。当然，单位成本随着规模扩大而出现下降的现象，并不表示规模可以无限扩张，因为当规模扩张到一定程度时，会出现边际效益趋于下降的问题，从而出现逆规模经济效应。规模经济在运行过程中会出现以下两种不同的变化趋势，分别是生产技术条件、设备条件固定或者其发生变化的两种情形下生产批量变化的情况。而在规模经济概念的研究应用中，大多指的是第二种变化趋势。这一概念可以解释为在技术条件保持不变的情形下，如果产品单位平均成本出现升降变化，那么就表示出现了规模经济效应或规模不经济效应。

规模经济理论之所以得到普遍认同，其原因主要包括：①专业化。亚当·斯密经济理论对规模经济、企业分工进行了多层次研究，其理论基础牢固。②学习效应。在理论与实际应用过程中，生产规模的扩张提升了企业效率。③研发费用能在大批量生产中得以稀释。④可以实现运输、原材料采购的单位成本下降。⑤可以提高企业在价格谈判上的话语权。

规模经济效应可以从以下三个方面得以体现：①规模内部经济，指的是单个企业的盈利能力增强，是由内部因素引起的。②规模外部经济，指的是单个企业的盈利能力增强，是由行业规模变化引起的。③规模结构经济，指通过联合、兼并、收购等手段进行整合，从而实现规模结构经济。企业之间、经济联合体之间、城乡之间都可以通过多元路径实现规模结构经济。

三、农业多功能理论

传统的观念认为农业只是从事粮食生产，而农业所具备的功能就是为人类社会提供粮食和相关生产物资。这种认为农业只有单一功能的观念显然不符合农业实际发展的事实，农业经过多年的演变、发展，其多功能也开始逐渐显现，除了传统观念认为的粮食供应功能，在社会生活的其他方面，农业也发挥着其他功能，比如，经济、政治、社会及生态功能等。在产业融合中，农业与其他产业进行连接，而农业多功能理论就是为农村三产融合的发展提供指导。经过专家学者们的总结归纳，笔者认为农业多功能主要是：

第一，经济功能。农业的经济功能除了农业基本功能——为社会提供粮食和农副产品以保障粮食安全和为社会发展提供原材料以确保我国经济稳步发展外，还有一项重要的功能，这项功能是基于农业产业提供服务，比如，观光农业和教育农业，这项新功能能够为人类创造更多的经济价值。

第二，社会功能。农业社会功能的主要体现为为社会创造就业岗位和促进社会发展。农业的发展需要劳动力，促进劳动力就业，会让社会维持在一个更稳定的状态。而且农业提供的农产品对社会居民产生了直接影响，如健康、安全的农产品能保障社会居民的身体健康。

第三，政治功能。农业的政治功能是农业作为一国的基础产业，它的稳定能使市场维持在一个稳定发展的状态，特别是我国，作为一个农业大国，农业的政治功能体现得尤为明显。

第四，生态功能。农业的生态功能是指由于农业本身就是生态构成的主要因子之一，其对生态环境有着支撑和改善作用。农业的生态功能的发挥不仅有利于农业经济的发展，而且对人类生存环境的改善等都具有正面、积极的作用。

由此，我们可以发现农业的每一个功能都可以与其他产业中的某一个或几个行业产生联系，凭借这种联系可以为农村一二三产业的融合提供可能性。

四、内生增长理论

20世纪80年代，西方经济理论学者在宏观经济理论领域的研究成果较为丰富，内生增长理论便是当时的理论成果之一。该理论认为要保持经济的持续增长，企业必须要具有技术创新的内生力，而如果仅仅依靠外力推动，那么经济增长的速度则难以持续。经济学家亚当·斯密的理论对当前经济学术界的影响力依然较为强大，特别是对经济增长的驱动因素研究，不同的学者持有不同的观点，但学术界普遍认为，国家层面的经济增长必须满足以下几个方面的条件：①生产资源的逐年增长；②利用国家范围所拥有的全部技术条件，对存量资源进行充分利用和效益提升；③技术进步。然而柯布-道格拉斯生产函数在对经济增长因素进行模型分析时，并没有将技术进步作为内生因素，在该分析模型中，假设企业技术创新为外在驱动力，自变量设定为劳动力、资本，根据模型推理得出的结论是：如果劳动力、资本收益出现下降趋势，那么经济增长速度就会放缓甚至停顿。这种分析方法盛行于20世纪60年代，其理论依据是新古典经济增长理论。到了20世纪90年代，内生增长理论开始被学术界普遍认同，这是因为劳动力成本包括劳动者教育培训所产生的成本，而资本投入也包括技术研发、技术发明等内容，从这个意义上说，技术并不是外力因素，它由内生力量所驱动，根据这一理论可以得到结论：当技术研发成果不断产生效益时，经济增长速度就具有可持续性。然而舒尔兹、贝克尔等对这种内生增长理论并不认同，当然，也有更多的学者认同内生增长理论，其代表人物是罗默，他将知识这个因素纳入经济增长模型，并认为这是经济长期稳定增长的动力所在。罗默认为知识的收益是边际效益递增的，而传统社会下经济效益是递减的，当然知识本身也是需要投资的，但是掌握知识的成本远低于物质原料的运输、投入、生产成本。

内生增长理论认为，产品创新、制度创新必然会推动生产技术不断进步，而技术进步也会带来更多物质财富。在内生驱动作用下，要素收益会保持增长态势。对于农村三产融合而言，农村内生动力与外界力量处于同等重要的地位。当前，实施乡村振兴战略是国家推出的重大政策，农村各级组织及农民都不能被动应对，而是要真正激发乡村发展的内部活力。

五、交易成本理论

交易费用的产生源于日益复杂化的劳动分工，它是客观存在的且不以人的意志为转移，这是经济制度制定和运行要产生的成本。最早这一概念可以追溯到亚里士多德的《政治论》中，亚里士多德将交易视为通往致富的道路之一，并认为人们可以通过商业交易、贷钱取利、雇佣制度这几种交易类型获取财富。1885 年马克思在《资本论》中提到流通费用，即买卖花费的时间精力、交通运输费用，这个概念与交易费用有相似之处。康芒斯认为交易的过程存在冲突，无数种交易构成制度的运转，而交易是制度的基本单位。到了 20 世纪 30 年代，科斯在《企业的性质》中首次引入交易成本的概念，在《社会成本问题》中对这一概念进行详细解读和论证，笔者的观点是在每一笔交易前都要花费一定的人力、物力、财力做好前期工作，交易费用越低则交易越容易成功。

阿罗将交易费用理解为"经济制度运行的费用"，威廉姆森对此种解释并不认同，他的观点是交易费用可以理解为经济系统正常运行所要花费的代价和费用。在任何市场环境下，只要存在人与人之间的商业交易行为，就会产生交易费用。这是因为"契约人"具有双重特征，既是有限理性人，同时也具有机会主义人格特征。资产在交易中是有专用性的，即在交易期间不能另作他用，若由于交易的不确定性使交易无法正常进行而提前终止，那么此时契约和组织的保障就会降低交易成本。再者交易市场并不是完全竞争市场，如果垄断方增加了机会主义的可能性，那么交易就会终止从而造成一定损失，而非垄断方需要付出很大的代价。企业内部管理的费用、制度调整的费用都是典型的交易费用，交易费用有市场型、政治型、管理型三种类型。

农村三产融合的过程中，一是可以通过建立利益联结机制来减少因为交易不确定性等原因带来的交易费用；二是可以通过分工合作，形成长期、稳定的合作关系，增加交易次数，在一定程度上降低交易费用；三是可以提高竞争力和谈判能力，激发产业内在动力，降低监督成本也能够在一定程度上降低交易费用。

六、产业链理论

产业链的思想最早来源于 1766 年亚当·斯密的《国富论》中，亚当·斯密认为产业链是企业连接并维持原材料采购到产品生产再到商户销售的一系列持续的过程。广义产业链不仅包括传统意义上的联结上下游的狭义产业链，还包括与之密切相关的供应链，以及与之配套的价值链、利益链、产品链等；其中，政治、经济等因素会对其产生重要影响，这是不同于传统产业链的基本特征。

国内学者也从不同视角对产业链进行研究，主要包括：刘志彪（2019）基于产业经济学视角，认为产业链是基于特定情况下的技术关联和经济关联，同时依照特定的时空布局和逻辑关系，客观形成链条式的关联关系形态；刘国巍、邵云飞等（2021）基于模块化网络视角，提出产业链模块的形成需要以政策扶持、创新投入、创新产出和环境支撑为基础构建四维指标体系；蒋国俊、蒋明新（2004）基于产业链的内涵及作用，认为产业链分为接通产业链和延长产业链。接通产业链是指通过借助某种产业合作形式，将一定地域空间内断续的产业部门连接起来；延长产业链则指尽可能地向上游或下游拓展已经存在的产业链；此外，宋怡茹、魏龙等（2017）基于价值创造视角，提出产业链的价值创造主要依赖两大方面：一是基于交易成本理论的专业分工；二是基于企业生产效率的专业协作。

基于此理论的相关研究，产业链形成的本质是基于市场化作用下各企业各环节所形成的配套功能意义上的"可视化"链接，即通过创造产业链实现价值链、利益链等链条间的相互作用及增值。

七、产业创新理论

产业创新理论最早源于对产业革命的研究，英国经济学家弗里曼是第一位系统地提出此理论的人，他认为产业创新包括技术创新、管理创新等内容。同时，在经济学领域中比较完整的创新理论最早源于经济学家熊彼特在 1912 年出版的《经济发展理论》，书中提出创新是将生产要素和生产条件的"新组合"引入生产体系。同时，在熊彼特的创新理论中，"组合"一词有着特别的概念，对企业来说，"组合"必须要求采用一定的生产方法，此时的组合是一个动词；而对生产过程而言，"组合"仅仅代表其所有的生产方式，此时的组合是一个名词。熊彼特认为产业创新的"新组合"包括生产一种新产品、研究出新的生产方法、开拓新的市场、开辟原材料新的供应来源及实现工业新组织。发展到今天，学术界对产业创新理论的探究主要有：陆国庆（2002）提出产业创新是一个系统性概念，是集技术创新、人才创新、制度创新于一体的系统构成，而这些系统因素的发展是决定产业创新的关键。王艾青（2005）提出产业创新是某一特定产业在激烈的竞争环境中联合企业开展的合作创新，产业核心竞争力的增强要通过创新效率的提升和创新效益的增值来实现。此外，刘海洋（2016）基于农村一二三产业融合角度，认为可从生产、加工、销售、服务等方面促进产业创新，同时产业创新有利于在农村产业融合过程中形成新业态，两者相辅相成、共同促进。产业创新理论为农村产业融合的推进提供了重要指导，面对未来，农村产业融合要积极引入创新机制，依托产业示范园集聚创新资源，不断激活创新要素，转化创新成果，大力推动产业示范园持续释放创新创业活力，实现产业发展从资源要素驱动发展到创新驱动发展的转变。

八、生态经济理论

19 世纪初，西方学者通过大量的定量分析研究提出了许多关于生态经济的理论思想，主要倡导"人类从大自然中取用的资源最终要归还于大自然"。到了 20 世纪 60 年代，美国经济学家肯尼斯·鲍尔丁在《一门新兴科学——生态经济学》中明确提出了"生态经济学"，对当今时代发展仍具有不可磨灭的思想影响。反观中国学者，孔子、孟子等思想先辈们都提出了与生态经济学有关的论述。20 世纪 80 年代后，我国开始设立此学科体系，强调自然生态和经济发展的相互融合。李周（2008）在阐述生态经济特征的基础上，提出进行生态经济研究的切入点主要有三个：一是以生态要素为研究主体，利用数学或生态模型进行人类活动的研究；二是以企业和个人目标为核心，对如何以组织创新、制度创新等促进经济和生态的协调发展进行研究；三是从主体利益角度出发，对如何促进利益相关者间的协作来实现双赢乃至多赢的经济-生态共同发展进行研究。切入点的提出为本书的研究提供了思考方向。此外，李月金（2016）认为生态经济理论的研究也和其他经济理论一样存在自身发展局限性。理论层面难以构建复杂的经济-生态模型；实践层面尤其是生态修复方面存在周期长、显效慢的局限。总之，生态经济理论的核心思想是要坚持生态系统与经济系统有机结合，从财富观角度来说，要将大自然赋予人类的资源当作宝贵财富，可有效避免或缓解市场失灵，规范相关主体行为；在维持大自然正常运转的情况下最大限度地合理利用自然资源是生态经济发展的"稳定器"。

九、产业集群理论

产业集群理论于 20 世纪 20 年代作为一种经济理论出现，源于对区域经济增长问题的研究和思考，侧重产业集聚方面的解释。该理论的主要观点集中在马歇尔的《经济学原理》著作中，他提出外部经济观点，意思是将扩大企业的生产规模行为作为正确的外部性或溢出效应，这一行为不仅会对本产业相关的所有企业产生巨大的推动作用，而且还能促使集聚关联企业获得信息和运输上的优势。德国经济学家韦伯在《工业区位论》中深入研究区位论思想，并成为第一位提出集聚经济概念的人，其核心是最大程度上降低运输环节上的费用，以获取企业效益。他认为集聚产生的经济效益是通过扩大生产规模和同一地点的企业集群两种方式为企业增加收益和降低成本。克鲁格曼从贸易经济和经济地理角度研究产业集群，认为产品的贸易活动间接起到了生产要素贸易的作用。农业产业的集聚行为促使农村产业进行分工与协作，有利于提升产业竞争力和劳动生产效率，对于农村的现代化发展具有重要的指导意义。

借鉴产业集群理论，乡村产业振兴要建立独特的农业产业集群。所有的农业产业集群都是独一无二、不可复制的，必须要深入了解地区产业化发展特色，选择适合区域的产业集群模式，进行品牌宣传，促进农业各集群主体的发展。使农业产业更具竞争优势，加快农业现代化的发展。

第三章　乡村振兴战略与农村三产融合的
关系探究

第一节　乡村振兴战略与农村三产融合的
内在逻辑关系

党的十九大报告提出，实施乡村振兴战略，促进农村一二三产业融合发展。农业三产融合既是乡村经济发展的现实要求，也是推动农业农村供给侧结构性改革的重要抓手。在当前的时代背景下，我国经济增速放缓，实现乡村振兴更为迫切，因此，有必要准确把握乡村振兴战略与农村三产融合的多维价值取向，厘清农村三产融合的实践逻辑及其路径，更好地利用乡村振兴战略提供的政策优势，提升农村三产融合效果，补齐农村产业发展短板。

一、乡村振兴战略与农村三产融合发展之间的互动关系

产业融合是经济发展的必然结果。产业融合是指不同产业由于发展的内在需求出现相互融合、相互渗透并逐渐产生新的产业业态的过程。产业融合可以分为产业交叉、产业渗透和产业重组。在产业融合发展过程中遵从其内在规律，

一般传统产业会被高新技术产业渗透，并延伸出很多高新技术产业的空间和功能，进而实现传统产业的转型升级，相应的竞争力也会有所提升。相关产业会沿着产业链出现交叉发展，实现产业空间和功能上的有效互补，进而实现产业共生发展。在产业融合发展过程中，某一大类下的子产业在产业业态发展过程中会出现内部因素的重组，进而培育出新的产业增长点。乡村振兴战略为农村三产融合创造了有利条件，农村产业也会在受到外部环境刺激和内部因素重组需求的影响下出现产业融合发展。

乡村振兴战略背景下，我国农村三产融合以农业为基础，通过引入二、三产业的先进理念和技术推动农业领域的制度创新、技术创新和模式创新。在产业融合过程中会催生出新的经营主体，通过要素集聚和技术渗透等方式实现对人才、资源、技术、资本的跨界融合，并以利益为纽带，使农村一二三产业融合在一起，通过利益联动实现共生互补，从而实现农村一二三产业的协调发展。与单纯的农业产业化相比，农村三产融合是在农业产业化和现代化基础上实现的升级和创新，三产融合有助于形成多元化的经营主体，使产业边界变得更加模糊，内部功能变得更加多元，利益联结程度变得更加紧密，进而让生产要素得到合理流动，实现跨界集约化配置。通过农村三产融合能够更加有效地解决农业生产过程中出现的深层次矛盾，构建更为完善的、立体的现代农业生产经营体系，实现农业产业链条向二、三产业的有效延伸。

农村三产融合有助于促进乡村振兴战略落实。首先，新的产业业态能够成为乡村振兴新的经济增长点。在农业三产融合过程中，通过融合、渗透、交叉和重组等多种方式，催生出新的产业业态，提升农业核心竞争力，使各个产业之间形成竞争协作的关系，实现人才、技术、资源需求的有效重组。其次，农村三产融合有利于增加农民收入。经济新常态下，我国经济增长速度放缓，为了提升经济发展质量，就必须挖掘农村地区的消费潜力，而要想达到这一目标，就需要保障农民的收入持续稳定增长。通过农村三产融合，有利于实现农业生产要素的优化配置，延长农业产业链条，扩大增值空间，提升农业发展质量，进而实现农民增收目标。最后，农村三产融合有助于推进城乡融合发展。农村三产融合有助于实现城乡之间的生产要素流动，延长农业产业链条，完善农村基础设施建设，发挥农业多种功能，提升农村公共产品供给水平，进而有效解决城乡二元经济体制的弊端，形成新的城乡关系，促进城乡融合发展。

二、农村三产融合与乡村振兴战略的逻辑关系

乡村振兴战略的落实，与农村三产融合的发展有着密不可分的关系。相较于传统农业改革，乡村振兴战略对农业的要求进一步提高，不仅要发展农业，更要创新发展，使其形成规模。产业兴旺是乡村振兴战略的基石，那么农村三产融合则是实现产业兴旺的根本途径。单靠个人、家庭作坊式的农业模式，从小的方面来讲，该模式下农民增收效果不理想，特别是老一辈农民退居二线之后，能否有后继者继续从事农业工作？粮食安全作为农业发展的底线如何得到保证？从大的方面来讲，对城乡协同发展无法起到有力的支持，经济是乡村振兴的基础，农业无法规模化、产业化发展，对乡村振兴道路发展也是阻碍。因此打破传统的农业形式，将第二、第三产业的组织、管理、技术等创新模式带入到农业中去是必要的。随着社会的发展，制度、理论、科学技术等方面的创新，三产业之间的界线变得模糊，产业之间有了互通之处，为农村三产融合的发展提供了良好的机遇。

（一）农村三产融合为乡村振兴战略打牢经济基础

现代化进程不可避免地伴随着乡村的衰落，其原因在于制造业和服务业收益较高，具有强大的工资支付能力，相较于乡村来讲，城市具有更大的吸引力和竞争力，因此"农村空心化""农村人口老龄化"成为一种不可逆转的趋势。但乡村衰落并不等于乡村的消失，相反的是，伴随着现代化进程和城镇化的发展，人们对乡村的关注度逐渐提高。一方面，城市人口剧增之后吸纳能力下降，以"逆城市化"为代表的人选择回到乡村生活；另一方面，即使城镇化率较高，仍有 4 亿多人生活在乡村。因此，我们必须发展农村产业。

乡村振兴战略的"二十字总要求"提到了产业兴旺，这一表述指出了发展乡村产业是乡村振兴战略的实施点。中共中央、国务院在 2015 年发布的《关于加大改革创新力度加快农业现代化建设的若干意见》中首次提出"推进乡村产业融合发展"，打开了我国农村产业发展新思路。我国可以借鉴一些发达国家的农业发展思路，比如，日本的"第六产业化"。在经济学中，农业在经济层面的功能显而易见。首先，农业最基本的功能是生产农产品，粮食是国之根本，发展农业可以稳定地供给农产品，满足国民最基本的需求。其次，农业产业能够带动当地收入，小农产业能够满足家庭开销，规模较大的农业产业提供的经济功能不仅能够帮助农户本身，同时也能带动当地发展，提供就业机会。我国的农村三产融合就是在农业基础上，打破产业之间的界限，因地制宜地充分发挥农业的多功能性。农业生产不仅包含最基础的农作物种植，还要将其与制造业也就是农产品加工业相结合，最后立足生态，打造休闲农业，延长农业产业链条，激发农村产业活力。

农村三产融合是产业兴旺的道路选择，产业兴旺是乡村振兴的经济基础。通过农村三产融合，先进的科技、优秀的人才、雄厚的资本等向农村地区倾斜，可以实现粮食充足、技术创新、农民富裕，充分发挥农业的功能。第一，三产融合下的现代农业要依靠科技创新，走绿色可持续发展道路，降低单位产出资源消耗，增加环保投入，实现经济效益和生态效益相统一。第二，农村三产融合能够延长产业链条，提高农产品附加值。在提高农户收入的同时，也能提供更多的就业岗位，带动整个农村地区的发展，为农村人口提供生活和产业的支撑。第三，大力发展农村三产融合，有助于优化农村产业布局，聚集有利因素，比如，人才、资本、科技等要素向农村地区流动，激发农村产业发展动力，为实现乡村振兴夯实经济基础。

（二）乡村振兴和农村三产融合发展的目标是统一的

乡村振兴战略的总要求是产业兴旺、生态宜居、乡风文明、治理有效、生活富裕，这就表明要从经济、生态、文化和乡村治理等方面着手，从根本上改变我国农业不强大、农民不富裕和农村不美丽的现状。产业兴旺主要是提升农业产业的生机与活力，提升农业的综合竞争力；生态宜居是要注重绿色农业的发展，保证农村环境得到有效治理、生态环境得到有效保护，并将传统乡村建设为美丽乡村；乡风文明和治理有效都强调要传承乡村文化、满足农民精神富裕和整治环境等方面的要求；生活富裕是要提升农民的收入水平、消费水平、社会保障水平及让农民在精神上感受到富足。

农村三产融合发展会促使一二三产业之间有效衔接和延伸，促进供应链、产业链、价值链闭环，从而提升供给能力、增加供给数量；同时还会促使一二三产业之间互相渗透，并催生出更多的新产业和新业态，可以为农民创造大量的就业机会和创收机会。一二三产业之间的衔接、渗透和融合会进一步提升农业的竞争力和农产品的价值。此外，农民是产业融合的主体，可分享全产业链增值收益，从而实现持续增收。在一二三产业的融合过程中，通过利用新技术和突出绿色生态指向来保障农业的可持续发展，同时也让农村展现出生态宜居的新形象。因此，农村三产融合既有利于解决"三农"问题，又有利于促进农业农村现代化发展。

（三）农村三产融合开辟农业产业兴旺新路径

党的十九大提出了乡村振兴战略的具体要求，其中最重要的着力点和实施点就是产业兴旺。可以说产业兴旺是推动农村发展的动力和基础，能够帮助农村提升产业活力。农业受到土地、自然条件及劳动力、资金等因素的制约，具体表现为农业用地减少，耕地质量恶化，高质量劳动力从农村流向城市，农业技术仍处于一个较为落后的状态，资本供给不足，等等。这就导致农业发展处于低水平阶段，仅靠发展单一农业，无法给农村地区提供大量就业机会，无法实现农民富裕和建设美丽乡村。因而，乡村振兴战略和农村三产融合是解决"三农"问题的关键。乡村振兴战略的实施，会优先对农业农村进行政策扶持和资源优化配置。农村三产融合有利于激发产业活力，通过农业多功能，推动农业产业规模化经营，将传统的、单一的、分散的农业与科技发达的现代农业结合，开发农村第二、第三产业，创造就业机会，增加农民收入，使农村地区进入产业发展的春天。农村三产融合能够在农业基础上结合二三产业资源优势，催生出适应社会发展趋势的新业态。

（四）农村三产融合助力实现乡村经济、社会、生态可持续发展

农村三产融合是在农业基础上，以农民和其生产经营组织为主体，以先进技术为支撑，将三次产业结合起来，将人才、资金、技术及其他要素跨产业集约化整合起来，优化资源配置，以此提高农业生产效率、增加农业附加值、延长产业链条。其最终目的就是向第二、第三产业寻求发展动力，从而使农村及农村产业重新焕发生机与活力。

农村三产融合激发农业产业活力，开发农业内部的多功能性。农业不仅能够生产粮食作物，而且在政治上能够稳定国家安全。因为粮食安全关乎民生民计，是国家稳定的基础。基于我国人民的粮食需求，我们不仅要大力发展农业，更要发展优质农业，发展休闲农业。随着城市化进程的加快，一些居民患上了"城市病"，为了减轻压力向往回归农村生活，因此，我们走农村三产融合道路，将农业与二、三产业融合，打造绿色农业、生态休闲农业，提供休闲旅游空间和场地，既满足了人民所需，也能够提升农村经济效益。除此之外，因地制宜发展特色旅游业，有利于当地优秀文化的保护和传承。农业除了具备文化功能外，还包含生态功能和社会功能。农业在生态方面也有所贡献，能够调节气候调节、涵养水土、维护生物多样性。因此，我们的农业生产活动需要有科学的指导和先进技术的支持，只有这样才能够把农业生产与我们的生态观结合起来。

随着社会的发展，人们对农业的认识也在不断加深，但是目前乡村农业在供给方面还不能满足大众需求，因此，迫切需要将农业与二、三产业结合起来，谋求新的出路。在这一过程中，第一，开发以农民为主体与当地产业有机结合的新模式，实现当地农民的增收和农村的发展建设。第二，通过一二三产业的融合，给农民提供了更多的创业机会，这一形势下，新业态的发展空间越来越广阔。

三、乡村振兴战略背景下农村三产融合的实践逻辑

推动农业农村优先发展，既是乡村振兴战略的优先选择，也是新时期推动城乡融合发展的必然要求。在乡村振兴战略背景下，必须充分考虑农业农村优先发展的现实问题，而农村三产融合体现了农业农村发展的"优先性"，这也是推动农村经济社会发展的实践逻辑起点。在乡村振兴战略背景下，要始终将以人民为中心作为农村三产融合的主导思想，深刻把握农业农村现代化建设的关键节点，充分考虑农村三产融合的实际情况，以我国城乡发展不平衡、不充分为现实基础，找到适合农村三产融合的行动路径。

（一）坚持以农民为主体的行动逻辑

农村三产融合必须依托农民这一庞大的群体，必须坚持以农民为主体的行动逻辑。当前，无论是乡村振兴战略的有效落实，还是中央一号文件的现实要求，在推动农村三产融合过程中，必须始终坚持农民的主体地位，将农民作为农村三产融合的中坚力量。在这一现实背景下，要注重保护农民权益，从农民的现实需求和具体情况出发，保障农民完整的家庭生活，在坚持家庭联产承包责任制的基础上，适当推动农业规模化经营，进一步提升农业发展水平，并通过奖励和宣传教育等措施，在农业领域广泛运用新技术、新工艺，进一步提升农业生产效率。同时要加强农业基础设施建设，激活农民的活力和动力，推进农业现代化进程。出台相应的政策机制，保障进城务工农民的合法权益，积极引导进城务工农民向第三产业流动，杜绝拖欠农民工工资，尽量保证农民的收入来源稳定，并将其作为推动农业生产融合的先决条件。

（二）以产业创新为核心的实践宗旨

农村三产融合需要产业创新作为核心驱动力量，同时乡村振兴也要求将产业兴旺作为乡村振兴的经济基础。通过产业创新增加农民的就业机会，为农民

的持续增收创造有利条件。农村三产融合属于产业融合范畴，在这一过程中必须始终坚持以农业为基础，在融合过程中不断壮大二、三产业。实际上，农村三产融合就是产业创新的过程，就是农村一二三产业融合重组的动态过程，通过农村三产融合，促使农村生产协同发展，进一步优化生产要素配置。产业融合必须对农业的多功能性进行有效整合，加大农业产业创新力度，主动整合区域农业资源，从区域农业资源禀赋优势角度出发，与科研院所合作，引入新品种、新设备、新技术，生产出适销对路的农产品，并加强与运输企业、加工企业、营销企业的合作，实现农产品快速转化，进而增加农民的收入。

（三）以因地制宜为实践的根本原则

乡村振兴为农村三产融合创造了有利条件，同时农村三产融合也有利于乡村振兴目标的落实，各地在推动农村三产融合发展过程中既要充分利用乡村振兴战略带来的各项优惠政策，也要在乡村振兴战略下，因地制宜推进农村三产融合发展，特别是基层政府要对乡村振兴战略实施和农村生产融合发展进行思考，并结合本地区的资源禀赋因地制宜地制订乡村振兴的详细操作方案和农村三产融合发展的具体推进路径，并先后有序、轻重有别地落实各项措施。农村三产融合必须充分尊重市场规律，紧跟市场需求推动农村主导产业发展，培育新的农业经济增长极。在政府的政策引导下，充分发挥新兴产业的凝聚作用，吸引二、三产业将生产要素向农业产业集聚，形成农业产业规模效应和集聚效应，进而为乡村振兴发挥积极作用。

四、农村产业融合驱动乡村振兴

农业不同于非农产业，农业基于自身的特性，分工演进相对缓慢，产业链也相对较短。特别是在我国城乡二元分割发展的体制下，城乡之间要素流动受阻，使我国形成城市发展工业、农村发展农业的格局。而在当前新的发展模式——产业融合背景下，城乡间要素流动、工农间互通关系有了新局面。本节从要素流动的角度分别从农业、农村、农民三个方面来分析农村产业融合对乡村的影响。

（一）农业方面

以技术融合为基础的产业融合为农业注入了增长动力。其中，最重要的是农业技术和信息技术。科技创新是农村三次产业加速融合的重要基础和关键推动力。现代科学技术向农业领域的不断扩散及其产生的正面效应，促使传统农业的生产方式及产出质量发生深刻的变化，提升了农产品的附加值。而信息技术应用于农业生产领域形成的农业信息化，满足了农业现代化的要求。将现代信息技术及管理手段应用于农业生产、农产品运输、经济组织管理、农村社会的各个领域，实现农业和农村经济发展的科学化、智能化，为农业生产经营各个过程催生出了更有效的运行方式。如农技推广信息化使农业技术的传播更快速、应用更广泛，为生产出优质农产品打好基础；市场流通信息化使农民能够更便捷地掌握市场动态，调整农产品产量及价格。

在城乡发展的二元格局下，城乡各自封闭发展，农业产业链被分割在不同的部门和地区，无法形成完整的产业链条。随着农业技术的进步和农业组织模式的创新，农业产业集聚开始实现，我国农业产业链中的各环节分工逐步深化，产前、生产、加工、流通、销售等环节开始平均分散于农村、郊区、城市，逐步整合为协调分散的完整农业产业链。以农业为轴，少数经营主体向农产品加工业、物流、销售、餐饮等农村服务业顺向融合，逐渐构建起本土产业链，能够把控农业产业链并带动农户从事农业产业化经营。受关联企业及价值关联部门集聚的影响，农业也开始依托农产品加工或流通企业逆产业链融合，打造"大农业"发展定位，建设出高效、安全、绿色的农产品原料基地。这种农业产业链的逆向融合改变了过去农产品初加工和粗加工的低级生产状态，改变了过去农业经营主体的"散、小、弱"的生产格局，降低了食品安全事件发生的概率。

农业作为国民经济的基础，除了具有传统认识上的粮食生产、市场构成要素功能外，还有重要的粮食安全、生态维护、社会治理、文化教育等功能，实现农业与传统工业、服务业、农业与高新技术产业融合发展，既是农业适应国情发展的需要，又是多功能农业发展的客观要求。在农村三产融合发展过程中，农业各项功能得到挖掘，并整体地、持续地参与到满足城乡消费需求、改善农业供给结构的市场交易中，使长期处于低效率运转的生态、文化等功能得到有效利用。一方面，充分挖掘农业粮食生产、经济、社会、生态、文化功能，发挥农村地理空间广阔、生态环境优越、文化底蕴深厚的资源优势，有利于满足消费市场对食品安全、休闲观光、农事体验、亲近自然等多样化的需求，这不仅为新业态的形成和发展提供产业基础，也有利于改善农村生态环境破败、文化资源流失的局面。另一方面，坚持农业多功能开发能够保证产业融合产生的收益更多地保留在农村，实现农民的就近就业和增收，避免过去农业对接第二、三产业时出现的单纯将农业视为原料供应部门的现象。

（二）农村方面

一方面，改善农村生态环境。农业内部整合型的融合方式，即农业产业内部如种植业、养殖业、水产业等子产业之间的相互融合，建立起食物链各端的有机循环关系，有效地整合各种类型资源，推动农业产业内部各子产业间的融合发展，实现保护环境、维护生态、节约资源的目的。如发展循环农业能够利用相同的要素投入创造更高的价值，比传统的农作物生产系统更能降低环境负载率；如生态农业以传统农业的有效经验为指导，遵循生态学原理和生态经济规律，引入生物技术、信息技术等现代高新技术和现代管理手段，因地制宜，农业生产各个环节互为上、下游，创新农村经济增长方式。

另一方面，农村产业融合在发展过程中，对农村的基础设施提出了更高要求，如基于农业与电子商务融合而出现的大量"淘宝村"，对农村道路运输能力、宽带通信能力都有一定的要求，这促使乡村加快建设更通畅的道路以保证乡村的农产品及手工业商品的对外输送，同时完善更方便、快捷的宽带通信设备以知悉市场的需求状况。

（三）农民方面

要给农业引入技术及创新要素，关键在人。一支爱农业、懂农业的队伍是重要推动力。农村劳动力数量和技能水平是推动农村产业融合的重要人力资本因素。2011 年我国农村人口总数为 64656 万人，占总人口的 48.53%，乡村就业人员为 40506 万人，占总就业人员数量的 53.00%[①]，而 2021 年我国农村人口总数为 49835 万人，占总人口的 35.28%，其中乡村就业人员为 27879 万人，占总就业人员数量的 37.35%[②]。十年间，乡村就业人员占比降幅大于农村人口占比降幅，必然与日益发展的农业所需要的劳动力数量产生矛盾。此外，农村劳动力受教育水平和专业技能普遍较低，一方面，进城务工劳动力素质较高，导致农村劳动力不断弱化；另一方面，现代化农业的发展对农村劳动力的综合水平提出了更高要求，这种供需不对应的关系抑制了农业的发展。

新时期在农村产业融合的发展模式下，传统的小农户生产经营方式不断进化为现代化农业经营方式，以满足现代农业和农村经济发展的现实需求。新型的、多元化的农村产业融合主体不断涌现，并部分实现了农业的规模化运作，可利用其独特的组织优势为农户提供信息资源、技术指导。新型经营主体基于互利合作需求建立的新型农业经营组织有着更为紧密的利益联结关系，组织内遵循激励与约束兼容的原则，即各参与主体风险共担、互利共赢。农村产业融合经营组织的制度增强了参与主体的组织意识和合作意识。首先是章程约束。如确定成员的权利和义务、组织结构、收入支出管理制度、民主管理制度，以及合并、分立、解散和清算管理制度，规范的章程使成员及组织间合作关系有章可循、有规可依。其次是民主管理与平等对话。组织通过理事会和成员大会的方式，搭建信息通报和协商交流的渠道，使家庭农场和农民合作社成员能及时了解组织运行情况，并有效参与到发展规划及经营决策中，享有较全面的知情权及相对平等的话语权和参与权。最后是凝聚共识，高效决策。各成员经过

---

① 数据出自《中国统计年鉴 2012》
② 数据出自《中国统计年鉴 2022》

长期合作获得了较多的利益，彼此之间的依存度和凝聚力提高，正所谓"合则两利，分则两伤"。

第二节　乡村振兴战略与农村三产融合发展的价值取向

在新时代我国社会主要矛盾转化的背景下，准确把握乡村振兴战略和农村三产融合发展的多维度价值取向及在新历史阶段的趋同核心问题，有助于补齐我国现代化全面建设的短板。探讨乡村振兴战略和农村三产融合发展的价值取向，不仅是新时代解决"三农"问题的导向，也是探究乡村振兴战略和农村三产融合发展内在逻辑关联的依据。

一、乡村振兴战略与农村三产融合发展的价值取向

在我国社会主要矛盾转化的背景下，乡村价值被重新审视，粮食安全视角发生变化，农业的功能也应重新定位。如何实现乡村与城市的平等对话，推动城乡融合发展；如何满足城市居民对农业多样化的需要，提升农业综合竞争力，实现农业现代化。回答这些问题需要我们正视并理解乡村振兴战略与农村三产融合发展的多维价值。

（一）农村农业发展维度的价值取向

长期以来，我国城乡发展政策带有明显的城市偏向特征，农村和农业的价

值在于被动地满足城市和工业发展的需要。乡村振兴和农村三产融合发展表明我国城乡发展政策的战略性转变。一是能够根本性地解决"三农"问题。当前土地、劳动力和资金三要素的资源约束是我国"三农"问题的主因，表现为土地资源有限与耕地质量持续恶化并存、农业劳动力过剩和高素质劳动力短缺并存、农业资本供给不足和投入成本增加并存。乡村振兴战略在资源配置和政策扶持方面优先考虑农业农村发展，农村三产融合重拾农业多功能性，将就业机会和产业融合收益留给农民，推动我国农业农村的经济发展。二是能够推进农村全面发展。乡村振兴战略承载着推进乡村全面发展的新时代使命与责任，是化解新时代我国社会主要矛盾的战略调整。实施乡村振兴战略有利于现代农民的全面培育、现代农业的全面发展及现代农村的全面建设。

（二）国家战略维度的价值取向

乡村振兴和农业三产融合的过程是城乡之间多种资源要素双向流动的过程。一是有助于实现城乡融合发展的战略目标。党的十九大报告提出"城乡融合发展"的理念，是对新时代我国城乡关系的新定位。在城乡统筹政策框架下，城乡关系的调整是城乡统筹的初步阶段，城乡一体化则是城乡统筹的递进阶段，党的十九大报告提出的"城乡融合发展"表明城乡平等交流是更高的发展阶段，乡村振兴战略的实施是城乡关系递进发展的必然。乡村振兴与农村三产融合承载着推进城乡之间要素融合、空间融合、生活方式融合等多维度、深层次融合的历史使命。二是有助于全面建设社会主义现代化国家。党的十九大报告提出，2035 年基本实现社会主义现代化。农村发展不平衡不充分和农村现代化滞后是实现社会主义现代化的短板所在，中国的农村人口至 2030 年仍有 4.5 亿左右，乡村发展是我国全面建设现代化的根基，乡村振兴对整个中国的现代化建设而言意义非凡。同时，农村三产融合实现农业"接二连三"全产业链延伸，有利于推动农业产业结构优化升级，推动农业现代化发展。

（三）国际经验维度的价值取向

"城市优先—振兴乡村—城乡融合"是多数国家和地区实践得出的社会经济发展规律。然而，二战以来，顺利跨越"中等收入陷阱"的国家和地区为数甚少。多国实践表明，把握城乡发展政策调整的战略性时机，及时制定农业农村保护性发展政策，推动乡村振兴战略实施尤为重要。我国正是在社会经济发展的重要转型期提出实施乡村振兴战略，既考虑了工业化、城镇化的现阶段特征，又契合了城乡关系递进发展的规律。中国作为一个人口超过 14 亿的大国实现现代化以后城乡会是什么格局？人口在城乡之间的分布到底会是什么状态？这个规律全世界还没有总结出来，只能靠中国自己去探索和总结。一旦中国摸索出农村三产融合的成功模式，总结出农业产业融合发展的规律，便会探索出"中国特色"的农业现代化发展道路；一旦中国乡村振兴战略目标实现，便可以为其他国家跨越"中等收入陷阱"提供经验借鉴。

二、乡村振兴战略与农村三产融合发展的价值趋同

党的十九大报告首次提出"农业农村优先发展"，这是对新时代城乡关系和工农关系的新调整。如何在乡村振兴战略实施和农村三产融合发展中体现农业农村发展的优先性，既是两者的价值趋同起点，也是我们解决以下三个趋同核心问题的基本原则。

（一）要发挥中坚农民的主体性

我们认为，农民这一庞大群体在农业农村发展中的主体性必须得到体现。鉴于农民群体的状况发生改变，中坚农民应成为核心力量。所谓中坚农民，即留守农村的青壮年。他们出于现实考虑，留在农村，维持家庭生活，耕种自家的承包地和流入进城村民的土地，形成一定规模的农业经营。基于规模耕种需求，中坚农民对采用农业新技术、购买农机、改善农业生产基础设施有较大的

积极性，也对主动寻求技术、信息等农技服务有较大的热情；中坚农民根植于农村和农业，对农业的意义在于保障粮食生产，对乡村的意义则是治理乡村。在乡村振兴战略的基层实践中，应充分发挥中坚农民的主体性，激发中坚农民的活力和潜力，推进农业农村现代化建设。

（二）土地利用非农化非粮化，要重拾农业功能的多样性

外来资本因国家财政补贴和土地增值收益进入农村和农业，农村土地流转面积快速增长。目前，全国家庭承包耕地流转面积 5.32 亿亩，占家庭承包耕地总面积的 34.08%。外来资本受利润最大化原则支配，追逐市场需求，土地使用存在明显的非农化非粮化倾向。流转规模越大，非粮化倾向就越明显。党的二十大报告强调："全方位夯实粮食安全根基，全面落实粮食安全党政同责，牢牢守住十八亿亩耕地红线，逐步把永久基本农田全部建成高标准农田，深入实施种业振兴行动，强化农业科技和装备支撑，健全种粮农民收益保障机制和主产区利益补偿机制，确保中国人的饭碗牢牢端在自己手中"。一方面，我们要坚守耕地红线，禁止耕地非农化，保护和优化粮食产能，确保粮食安全，夯实乡村振兴的基础。另一方面，要重拾农业多功能性，把农业从传统的粮食保障角色中解放出来，满足农村居民对乡村优质的食物、清新的空气、优美的景观、健康自然的生活方式及令人向往的乡村文化和风俗体验的多种美好生活需要，促进农村三产融合发展。

（三）基层实践盲目化，要因地制宜有序推进

在乡村振兴新背景下，多地基层政府倾力打造各种典型示范村。然而，乡村没有内生的文化资源、管理组织及生产生活特色与之衔接，未能起到示范效应，造成支农资源无效使用，政府的政策扶持在一定程度上干扰了市场配置资源效率，导致社会效益损失。乡村振兴战略实施和农村三产融合发展要对不同的乡村特征进行归类，因地制宜制订乡村振兴的细化操作方案，先后有序、轻重有别，不能用同一种模式在同一时间推进。

综上所述，农村三产融合和乡村振兴战略的价值取向是内在统一的，只有深刻把握二者之间的价值取向，才能够准确了解农业农村问题的"短板"，才能够对"三农"问题对症下药。

第三节　乡村振兴视域下农村产业融合的机理

乡村振兴战略和农村产业融合之间具有密不可分的关系，彼此间相互促进、良性循环，共同为我国未来可持续发展打下坚实基础。

乡村振兴战略促进农村产业融合发展。现在的农村大部分地区发展不平衡，经济增长速度慢，发展质量也有待于进一步提升，乡村振兴战略正是解决此问题的最佳策略。乡村振兴战略总要求着重强调了推进农村产业发展的重要性，生态宜居、乡风文明等为推进农业多功能发展提供良好基础，人才振兴则是推动农村电商发展、加速科技渗透的良好支撑，这些都是深入推进农村产业融合的强大政策支撑。

农村产业融合进一步推动乡村振兴战略落实。在新发展阶段，为了实现现代化强国的目标，必然不能放松对农村地区的建设，要提高农村居民的收入。农村三产融合是一二三产业中的细分产业在农村范围内实现内部化发展的过程，在不断发展的过程中，产业融合能够促进"工业强省""文化强省""旅游强省"的建设，从而进一步推动乡村振兴战略的全面落实。

一、产业融合促进农业产业链延伸

推动产业融合需要从全局的角度统筹安排，对一二三产业的发展尽力包容，只有这样才能形成三产共赢的良好发展态势。乡村振兴战略发展总要求中最重要、最基础且排在第一位的是产业兴旺，而产业兴旺的重要产业之一便是农业。农业产业链延伸发展的基础便是农业，发展的要求是农业和其他二三产业中的细分产业以新型经营主体为引领，将相关资源要素进行合理配置，开展跨界合作。在此过程中需通过要素集聚等方式，并且要注重形成紧密的合作关系，使农业可以与更多行业扩宽联系的范围与合作的内容，达成更亲密的合作关系，形成一个协同发展的良好局面，最终实现链条延伸、范围扩展。

产业链延伸指的不只是单一产业，也不只是产业中的某一环节，它针对的是对整个链条上的每一个方向的研究，涉及与农业相关的各个产业。只要是与农业有所联系就需要对这个链条进行细致研究和合理扩充，只有这样才能形成新的分支链条，才能将链条延伸到其他产业中。通过这种方法逐步实现产业融合，并创新农业新业态。通过产业链的延伸实现资源整合，以提高农产品的附加价值和市场竞争力。综上所述，一个进程的深入推进可以使产业更加团结，加强彼此间的联系，使它们更好地汇集在一起形成发展合力。

二、产业融合促进农业功能型拓展

我国作为农业大国，农业在我国的发展历程中起步较早，发展速度较快，但随着社会进程的加快和我国国情的不断变化，农业的发展速度逐渐放慢。现阶段的农业已经改变了自身的发展进程，不再局限于生产这一种用途，农业的功能也在逐渐丰富。以建设美丽乡村为基础，在适宜的农村地区提高农业综合效益，促进农民增收。农业功能的增多使越来越多的人尤其是农民有机会参与农业发展，同时，多主体的参与也降低了在这一过程中的交易费用，增加了农民等相关主体的经济收益。此外，也可以利用农业的文化功能，使农业不再只局限于生产活动。结合当地的自然保护区创建新业态，促进农村地区的个性化发展。

乡村振兴战略的总要求包括生态宜居、乡风文明。从我国建设新农村开始，各级政府部门就不断增加在农村的水利、环境等方面的投入，但在这个过程中一直未建立长效机制。没有长效的投资机制，导致地方和基层政府不能进行合理的规划和投资，设施运转的资金缺乏，导致农村基础设施利用效率不高，中央及地方也没有按实际情况的动态变化作出适合的规划。乡村振兴战略的实施会使各类资源持续性地向农村倾斜，尤其是会在农村建立长效化的投资机制。实施乡村振兴战略后就会给农村带来诸多方面的改变，这些改变都为农村产业融合提供良好的物质基础。

三、产业融合促进农业信息化建设

农业信息化建设是在农业发展中运用信息化技术，通过运用新技术如云计算等，发展现代化的农业示范园。改造农业生产、经营等各个环节，使其汇集先进的经营、科技、管理等要素。新技术只有得到良好的发展及更好的应用，才能起到成倍的促进作用，才能使相关要素得到更广泛的应用及更合理的分配。当然，在发展过程中，各类主体都有自己的职责，都能发挥很大的作用。仅仅依靠新技术的发展不能带来持续性的动力，要在运用新技术的基础上进行创新，提高创新成果的转化率，节约创新成果的转化时间，探索出符合时代特色的生产经营模式，这样的创新也会反过来推动新技术的发展，开创农业发展新格局，提供新动能。但要清楚地认识到，这些发展设想的前提条件之一便是有人，有人才，只有这样才能保障农村产业融合更好地发展。

如果想持续推进乡村振兴战略，必须高度重视发展农村义务教育。一支强大的乡村振兴人才队伍，可以促使土地等资源禀赋汇聚，形成良性循环。乡村振兴战略的主要推动者和参与者是农民，因此提高农民的知识储备就非常重要。培养新型职业农民，可以优化农民整体的知识结构，让农民有更强的本领投身新时代农村建设。与此同时，要开发人力资源，加快培育新型农业经营主体。

第四章 乡村振兴视域下农村三产融合发展的现状分析

第一节 乡村振兴视域下农村三产融合发展的机遇与挑战

按照"基在农业、惠在农村、利在农民"的总体要求，我国在社会经济建设中坚持农业农村优先发展，为农村三产融合发展提供了千载难逢的历史机遇，但在发展中仍然面临着许多挑战。

一、农村三产融合发展的机遇

（一）支持内需政策为产业融合提供有利市场

在过去，我国的经济发展主要依靠"三驾马车"来拉动，即投资、消费和出口。但是从长远角度看，依靠投资带动经济增长难以持续，高投资、高回报的发展方式会加大经济发展的压力；而出口基数大会导致外需不足，且容易形成贸易顺差，导致贸易摩擦情况频繁出现。因此，我国需要依靠扩大内需来促进经济增长。近些年，我国不断推动以扩大内需、提振经济内生增长动力为目标的改革，也出台了许多新的政策和措施，为农村三产融合发展创造了有利环境。在行政改革方面，通过简政放权，国家已取消和下放 200 多项行政审批事项，为各类企业营造公平的竞争环境，以激发市场主体的创造活力；在税收方面，对小微企业实行税收优惠，从 2015 年 1 月 1 日起，我国对小微企业免征42 项中央设立的行政事业性收费，另外，还将取消或停征 12 项中央设立的行政事业性收费；在金融支持方面，中国人民银行灵活运用差别化准备金率、再贷款、再贴现、抵押补充贷款等货币政策工具，结合宏观的审慎评估参数动态调整，引导金融机构加大对"三农"、小微企业的金融支持力度；在培养内需消费方面，中央确定了促进城乡和区域协调发展是主要任务，城镇化是扩大内需的最大潜力，农村作为最广阔的消费市场，农民作为最广大的消费群体，消费增长潜力巨大。要实施一系列有利于推动城市化和发展现代农业的举措，提高农民收入，挖掘农业市场。

（二）"四大板块"和"三个支撑带"战略有效带动相关地区农村产业融合发展

近些年来，国家先后提出"一带一路"、京津冀协同发展、建设长江经济带的"三个支撑带"和大力建设西部地区、东北地区、东部地区和中部地区的"四大板块"战略。随着"四大板块"和"三个支撑带"战略的全面布局，一批交通、生态环保、产业，以及与周边国家的互联互通、能源资源、装备产能、经贸、人文交流等重大合作项目已经启动实施，新增长极初露端倪。这些将有利于农业进一步统筹国内、国际资源，完善基础设施，利用新技术渗透农业，更新农业现代化的新机理和新机制，形成新产业、新业态、新模式，不断拓展经济发展的空间，培育新的经济增长点，形成新的发展极，为做大、做强农业产业奠定基础。"四大板块"和"三个支撑带"是一对战略组合，将切实有效地促进相关地区农业的发展，获得社会的广泛关注，得到大力的宣传，各级政府、企业及国外的投资也会不断增加，另外，所涉及地区的基础设施，如水利、交通、网络等会进一步得到提升，这都将有利于农村产业融合发展。

（三）信息技术为农村产业融合提供广阔发展空间

技术融合是产业融合的基础和重点，技术创新及渗透扩散是形成产业融合的前提条件。近些年科技发展迅速，为农村产业融合发展提供了重要的技术支持。现今我国正处于"四化同步"的关键时期，充分利用移动互联网、大数据、云计算和物联网等新一代信息技术与农业进行跨界融合，创新基于互联网平台的现代农业新产品、新模式与新业态的"互联网+农业"模式，将加快促进我国农业升级。在未来，农业将搭载信息技术发展的快车，获得更加长远的发展。此外，农业发展中的需求也为信息技术发展提供了发展方向和动力。

（四）消费需求的转型升级为农村产业融合提供了广阔的市场空间

随着经济社会的发展，城乡居民的生活方式发生了改变，消费结构也出现了新变化：首先，消费者对农产品加工品的消费需求在逐年上升，农产品加工品拥有着广阔的市场空间，有利于农产品加工业的快速发展；其次，消费者在农产品消费中更加注重产品的品质和服务，有些消费者会购买指定品牌的农产品，有利于农业与服务业的有机结合；最后，农产品消费出现了多样化的趋势，个性化、体验化的农产品消费成为重点，小众化、特色化的农产品消费受到更多顾客的青睐，这给农村产业融合发展提供了良好的发展契机。此外，新的消费模式发展迅猛，线上线下互动现已成为新的发展趋势，农产品进城与农资和消费品下乡双向流通格局逐渐形成，这为农产品电子商务发展提供了新的发展空间。

二、农村三产融合发展的挑战

（一）GDP 增速放缓，对农村产业融合发展的支持和拉动作用减弱

现今我国经济增长正在迈向新常态，经济增速由原来的"高速"转向现在

的"中高速"。"十四五"时期，经济发展进入新常态可能导致农产品需求、农村劳动力转移就业、财政支农的增速放缓，这将对农产品市场供求、农民持续增收、现代农业建设产生深远影响。首先，工业化和城镇化增速减缓，直接影响农村劳动力的吸纳能力、对农业原材料和产品的需求、对农业资金积累和物质装备的提供等方面，对农业的促进作用减弱。同样，在经济减速下，城镇化进程也会放缓，对农产品需求和农民外出就业产生较大的影响，农民工资性收入增长也受到一定的限制，对农业的促进作用减弱。其次，经济增速放缓，财政收入增长也必然放慢，这意味着未来国家对农村农业融合发展提供大幅度财政支持的难度加大。而且从目前来看，财政压力不仅仅是短期的，还是长期的。

（二）资源要素在城乡间不均衡配置困扰农村产业融合发展

在社会主义市场经济体制下，市场在资源配置中起决定性作用。资源要素的本质是一种资本，在社会生产中会向效率较高的地区和领域流动，以期获得更高的收益。在工业化、城镇化、信息化深入推进的背景下，农业的弱势地位更加明显，工业与农业争夺资源的形势日益严峻。比如，工业化带来的资源环境载荷增多、工业化推动的农业成本上升、重工轻农取向造成的农业投入不足、资本倾向工业化引发的农业融资不畅等问题日益严重。这些问题导致农村的劳动力和资金逐渐向城市转移，权威调研数据显示，近年来农村青壮年劳动力逐渐向城市流动且开始从事非农工作，留在农村从事农业生产的人群主要以老人和妇女为主，其中 50 岁以上的老人占比超过六成。此外，由于传统农业生产观念的影响，大多数农民有着"只存不贷"的习惯，导致农村的资金大量流向城市。这种现象普遍存在，加之城乡发展之间存在"剪刀差"，农产品与工业产品的价格相差悬殊，导致农村出现"挣得少，花得多"的现象，使农业资金大量流向工业部门。"十四五"时期，实现资源要素在工农、城乡之间均衡配置，面临很大挑战，如果不能实现资源要素在工农、城乡之间均衡配置，将会阻碍农业农村的经济发展，也将制约农村产业融合发展。

（三）政出多门、多头管理不利于农村产业融合发展

农村产业融合发展涉及范围广，包括现代技术、资金、经营主体等多个方面，因此在农村产业融合发展时需要统筹考虑。当前，农业管理体制缺乏一体化管理，可能会制约农村产业融合发展。我国农业管理体制经过多次改革，管理职能逐渐加强，但由于受到多方面的制约，适应现代农业发展的新型管理体制还很不完善。据不完全统计，在农业产前、产中、产后的管理上，共涉及十几个部委（局）。其中，在农产品的质量安全管理和农业投资管理上，就涉及近十个部委（行），在农产品加工流通管理和农业生产资料管理上，也涉及多个部委（局），在农业科技管理和信息技术管理上，也涉及科技部、工信部等多个部门。管理体系复杂、部门职权交叉重复、规章制度不统一，导致行政效率低下。现行的国家农业管理体制与发达国家的管理体制差距越来越大，部门分割和管理脱节严重，出现了政出多门、办事程序烦琐、耗时费时、效率低的现象，制约了农村产业融合发展。

（四）利润分配机制不健全影响农村产业融合发展

农村产业融合发展的目标是实现农业现代化，保证农民的收入持续稳定增长。而农村产业融合发展需要将政策集中到农村，把重点放到农民身上，通过农业与第二产业和第三产业的有机融合，延长农业产业链，在提供更多工作岗位的同时，将产业链的增值成果让农民共享。但是真实的发展情况却不尽如人意。从20世纪80年代以来，我国农业发展开始实行"公司+农户"模式，但由于龙头企业与农民之间的利益联结机制出现了问题，没有形成利益共同体，农产品加工和流通的利润几乎被龙头企业占据，农户只能得到出售初级农产品的利润。在我国，企业的力量远远强于农民的力量，如果不对进入农业发展中的工商资本进行有效的管制，工商资本就会利用前向整合来兼并农业，继而形成农民对工商资本的依附关系，这将严重损害农民的利益。产业融合如何让农业、农村、农民受益，又如何防止工商资本对农业的兼并，是农村产业融合发展中的关键问题。

第二节　乡村振兴视域下农村三产融合发展的困境

一、乡村振兴视域下农村三产融合发展面临的现实困境

（一）产业融合程度低、层次浅

目前，我国农村三产融合发展总体上还处于起步阶段，具有融合程度低、层次浅等特征，主要表现为以下几方面：首先，三产融合的方式较为单一。目前我国农村三产融合发展过程中，很大一部分都是采用订单农业等简单的方式，订单农业可以将市场风险降至最低，可以充分保障农产品的稳定收益。但三产融合追求的目标并非如此简单，而是要提高农业在价值链中的地位，并不是追求简单的"1+1+1=3"的效果。其次，产业链条较短。一二产业的融合多是以小农户为经营主体对农产品进行简单加工和包装，以种植—销售、种植—加工两种模式为主。由于缺少市场推广及宣传力度不足，产品的品牌效应非常低，产业链基本上止步于二次融合，在农业产业链和价值链中具有明显劣势，这就导致实现产业深度融合的难度加大，也就更加无法实现利益的紧密联结。最后，农村三产融合发展总体上还处于起步阶段。目前，我国农村很多区域还是采用一二三产业共存的简单模式，虽然一二三产业样样齐全，但仍然采用"单打独斗"的模式，无法逾越"1+1+1=3"的格局，也就很难有效延长产业价值链条。

（二）农业功能开发不足

农业的最基本功能是可以为人们提供农产品，满足人们的生理需求，也就是农业的经济功能，但是农业除了经济功能外，还具有社会功能、生态功能和

文化功能等。目前，我国很多地区在推进农村三产融合发展过程中，仍然受制于惯性思维，依赖于传统的产加销、贸工农一体化路径，只是通过简单的农产品加工、销售来实现产业之间的融合，仅仅注重农业的经济功能，忽视了农业的其他功能，未能将农业的社会功能、生态功能和文化功能等转换成经济功能。由此可以看出，目前农业功能开发严重不足，尚有大幅提高空间。

（三）土地流转制度不够完善

土地是产业融合最基本的要素，能够促进其他各类生产要素向第一产业流动，提高第一产业的生产效率，优化各类生产要素的配置。通过土地代耕、农民入股、种植托管等土地流转方式，可以为农民提供直接参与农村三产融合利益分配的渠道，同时提升农村劳动力的生产能力。但在产业融合的实际发展过程中，土地要素功能的发挥往往会受到土地流转制度的影响而无法实现高效的运转。当下我国实行土地流转制度的不完善之处在于其制约了农村三产融合的深度与广度。导致土地流转制度不完善的原因主要有两点：其一，当前土地流转的方式主要是农户用自己手中的土地入股来成立土地合作社，但在实行的过程中农户发现合作社带来的收益远达不到预期收益，导致农户在推动土地流转过程中的积极性降低；其二，合作社的管理制度不够健全，农户即便将大规模的土地移交到合作社，合作社也无法在短时间内建立一套完整的运营管理体系，导致合作社的收益和生产效率达不到预期标准。

（四）农村基础设施建设无法满足三产融合的需求

农村三产融合离不开农村基础设施的保障，高质量的三产融合需要有快速的信息传递通道、便捷的交通等为其提供支撑。随着我国城镇化进程的推进，我国农村的基础设施建设也得到了较大完善，但是从总体上看仍然较为落后，与发达国家的差距仍然较大。我国农村基础设施建设具有以下三个特征：第一，区域发展明显不平衡。主要表现在我国东部沿海地区的农村基础设施建设明显优于西部地区，而且城市周边农村地区的基础设施建设明显优于其他农村地区。第二，信息化建设较为滞后。与交通设施建设和电力设施建设相比较，农村的信息化设施建设较为滞后，农村的互联网设施无法满足产业发展的需求，而且农村的互联网普及率也与城镇有较大差距。第三，农村基础设施后期的维护管理不到位。广大农村地区普遍存在重视基础设施建设而轻视后期维护管理的现象，由于乡村道路长期得不到维修、水利设施得不到及时养护，致使基础设施严重老化和损坏。农村基础设施建设落后导致农村与城市之间的互联互通始终处于较低水平，也严重制约了农村三产融合的发展。

（五）三产融合发展关键因素的支撑能力较弱

第一，人才因素。农村三产融合发展离不开人才因素的支撑，高水平的三产融合发展人才因素至关重要，因此首先必须解决人才不足的问题。目前，很多农村地区的农业经营主体都是妇女、老人，新生代农民为了生计都选择去城市打工，因此，目前最重要的是要培育一批新型职业农民。第二，资金因素。农村三产融合需要农业经营主体提前支付一定的融合资金，用于购买相应的设备，但是作为农业经营主体的农民由于缺少有效的担保，难以得到金融机构的有效支持，也就无法及时获取所需的资金。第三，技术因素。先进技术可以提升三产融合价值链的高度。但是应用先进技术需要三产融合型人才具有高水平的科学素质，可以全面掌握先进技术；此外还要考虑到采用先进技术的成本，较低的成本可以加快先进技术的渗透和扩散。而目前的实际情况却是农村三产融合型人才严重缺乏，很难满足上述采用先进技术需要的条件。第四，土地因素。农村三产融合发展离不开土地，旅游业、农产品加工业等都需要土地。但是目前农村建设用地的审批流程较为复杂，经营性用地获批难度较大。这些都在一定程度上影响了农村三产融合的发展

二、乡村振兴视域下农村三产融合发展面临的制度困境

（一）产业融合规划有待完善

农村三产融合，需要完善产业融合规划。在实践中，政府更多地将关注点集中于农业方面，重视农业生产和农产品加工，对以服务业为主的涉农第三产业关注不够。首先，存在经验移植的状况，较为机械地照搬经验，实践中存在盲目且重复建设的问题，缺乏针对本地区实际特点的支持手段。其次，在投入上主要涉及资本或者资源，只是采取较粗放的投入方法，产出率低。再次，制定近期规划很少涉及农村三产融合，未对如何兼顾长远发展进行筹划。农户虽然取得了收入上的增长，但是如何保障远期利益，也没有进行更加深入的规划。最后，在以农业园区为主要代表的产业集聚区的建设方面，过于追求入驻企业数量、园区规模，确实取得了一定的成效，但是对于如何推动园区的科学发展，如何为入驻企业提供更多的融合发展机遇，这方面缺乏具体的措施方案。

（二）利益联结机制不健全

现阶段，我国农村三产融合的发展在利益联结机制建设方面尚不健全，在产业融合发展过程中，农户与企业及农村合作社的联结程度有待加强，尤其在利益联结方面还有待加强，企业与农户的联结程度不够，对农户的带动作用还不强。部分地区的企业和农户利益联结机制不够完善，各方出于追求自身利益最大化的目标，争夺农村三产融合过程中产生的利润，但"合则两利，私则均损"是三产融合不争的事实，尤其是竞争能力极弱的分散农户，在三产融合发展过程中，更多的利益被龙头企业取得，从而削弱农户参与农村产业融合的积极性，阻碍农村三产融合的发展。

1.缺乏利益监督约束机制

农村三产融合发展中，企业、农户等农业经营主体的利益机制与政府制定的法律、行政法规等分离，尚未有机结合起来。农户与企业之间未签定标准合

同，导致政府等农业监管部门无法对三产融合过程中的交易行为进行合理的监督管制，更难对其进行约束。

2.经营组织间利益制度建设不强

三产融合的提出要求各参与主体之间地位要平等。但我国农业产业化进程中，各主体都是相对独立的利益单位，这导致利益分配的不对称。

3.农业生产经营组织间矛盾重重

从合作社内部组织之间看，合作社产权关系不明晰、利益联结机制脆弱、合作社内部民主决策机制较差、成员专业化程度不高、合作社统一经营难题多等是存在的主要问题；从龙头企业与农民合作社之间看，利益分配不公、法律意识淡薄、合同履约意识差、利益联结机制不紧密等是存在的主要问题。

（三）缺乏风险防范机制

在农业发展过程中，农业风险会不期而遇。我们要建立科学有效的农村三产融合风险防范机制，分散和降低风险，发挥风险防范机制的经济补偿功能。

1.自然风险是"三产融合"的不可抗力风险

农村"三产融合"是以农业为基础和起点的产业融合。因此，自然因素将成为影响农业经济的决定性因素，这使农村三产融合的风险高于其他两产业的各自风险。

2.市场风险是农村三产融合发展的形势风险

农村三产融合要以市场需求为信号，不断整合产业链资源。我国农业存在信息不完全、信息不对称的现象，受国际农产品市场供求不匹配和价格波动的影响，必然会使农村的价格市场产生一定的波动。

3.金融风险是农村三产融合发展的经济风险

长期以来，我国大量的农村资金向城市转移，这是农业生产的高风险性和价值再创造效率低下的双重结果。农村金融机构承担着三产融合发展中农业贷款的巨大风险，现有金融机构体制离农倾斜越来越突出，导致农村金融体制面临着比较尴尬的局面。

4.政策风险是农村三产融合的又一主要风险

农业中的政策风险主要来自农业政策不稳定或政策制定的错误而造成的风险，只有符合我国农村三产融合规律的农业政策才能推进农业现代化进程。

第三节　乡村振兴视域下农村三产
融合问题的成因

一、农业产业链向上下游拓展延伸不完善

种植养殖业作为农业基础产业，只有以科学的方式促进种植养殖业与农业深加工产业、农副产品销售产业、农业技术科研产业全方位融合，才能使农业产业链向远端发展，才能不断提升农业现代化水平。随着相关管理部门的不断努力及人民的积极配合，现如今我国的三产融合水平有了大幅提升，但是整体融合程度仍然不高，产业发展仍不均衡，产业结构仍不科学，各种产业结构发展问题仍显著，农业产业结构仍不科学，"一业独大，单向发展"的现象仍十分突出；新型农业发展滞后，经营模式陈旧，严重制约了新型农业对农村产业发展的带动作用；产业效益链条有限，产业合作机制存在缺陷，运作模式过于简单，无法推动农业产业升级；农业技术的推广力度有限，先进技术对产业发展的驱动作用未能得到充分发挥。

虽然目前农业产业集群较多，但是绝大多数集群的产业规模十分有限、科技水平不高、综合程度低、产业发展能力始终在低水平徘徊，农民能够从当地二三产业中获得的收益十分有限。高附加值产业发展迟缓，农业深加工能力有

待提升，农产品贸易经济落后，品牌建设能力不足。

二、影响农业功能发挥瓶颈突出

要想进一步发挥农业功能，需要各级地方政府想方设法不断加大农业与地方医疗、生态、环保、体育事业的结合程度，不断加大对农业养生、乡村度假、农村生态游的开发建设力度，不断发掘农村的养生、环保和旅游资源。目前，土地、资金和人才三个要素供给不足，成为制约许多地方农业功能发挥的重大瓶颈。从资金方面来说，农业企业规模普遍偏小、科技含量不高，因抵押物不够导致银行不愿意放贷款等诸多原因，融资难问题突出，民营企业向银行贷款的成功率远不如国营企业；项目包装和广告宣传的力度不够，难以吸引社会资本；财政扶持资金比例不协调、需求缺口大，融节点支持不足。从土地方面来说，土地流转体系建设尚处于探索阶段，农民产业素质低下、土地流转管理机制不成熟、服务管理流程不科学，严重影响了农民参与土地流转的积极性。政府对设施农业发展用地的支持力度不够大，同时也存在用地不规范、土地利用率不高等问题。从人力资源建设领域出发，新型农业发展所需要的专业人才严重不足，农业科研单位、试验机构和涉农企业的人才建设水平有待提高，农民的农业科技知识严重缺乏，农村青年劳动力资源大量外流，市场信息管理的缺位和相关服务机制的落后，拥有产业融合管理经验的管理人员极度匮乏。上述种种，严重阻碍了农业转型发展，限制了新型农业的发展速度和涉农产业的市场化发展。

三、产业融合主体带动能力较弱

提高农民可支配收入是产业融合的初衷也是最终目的。对于产业融合，大部分农户都有参与和投资的意愿，但是由于资本有限、渠道闭塞、经验匮乏，使很多农户对产业融合只能浅尝辄止，无法深入参与。规模型企业拥有丰厚的建设资源、研发实力和技术经验，应充分发挥引领作用，主动承担起产业融合的重任。产业融合主体的引领能力不足是造成产业融合发展迟缓的重要原因之一，造成这种现象的原因还有以下几方面：一是真正有能力参与产业融合的机构数量有限，大多数参与产业融合的机构组织都存在注册资本薄弱、自主研发能力不强、容易受外部环境影响的情况。由于盈利能力有限，大部分合作组织都无法从商业银行中获得足够的贷款，融资缺口不断增大，严重影响组织的生产建设。二是产业融合的结构模式过于简单，缺乏创新力，管理方式落后，部分产业合作社组织只是挂名而并没有为产业融合发展作出任何实质性贡献，个体农场和农村集体庄园的融合能力有限，无法带动产业融合发展。三是绝大多数参与者缺乏创新意识，在产业融合发展项目的研发和设计过程中脱离地方实际，无法充分利用地方产业优势进行项目设计，对产业融合的理解不够深入，高附加值产品的开发能力低下。第一产业所蕴含的养生产业发展资源和生态产业发展资源未能得到有效开发，乡村特色、民族历史、农村金融有待进一步建设。四是产业协调管理机制不完善，没有有效地形成互利共赢的利益共享机制。特别是在实施"公司+农民"或"龙头企业+合作社+农民"模式时，主体之间没有形成利益共同体，农民在产业链中缺乏话语权，或低比例地分配好处，容易导致道德风险、不正当选择等问题出现。这将影响到新农业组织的生产、加工和服务的稳定性，形成恶性循环，不利于农村一二三产业融合的稳定发展。

四、融合发展的经济社会效果不突出

通过推动产业融合发展，能够有效提高土地的单位亩产效益、农业建设效益、农村综合收益，实现农民可支配收入的持续增加，为农村地区的城市化发展创造更多机遇，吸引农村青壮年劳动力回乡发展。但是由于缺乏有力的支撑主体，目前产业融合缺乏明确的导向性和目的性，往往是模式的直接移植，与本地特色结合程度有限，没有形成规模效益，抗风险能力较弱，缺乏创新，同质经营竞争既难以满足消费者多层次的消费需求，也削弱了可持续发展能力，不能成为农民稳定的收入来源。同时，新型农业管理组织发展缓慢，行业的驱动能力不强，新业务主体太少，缺乏掌握现代农业所需知识的复合型人才，从而制约了农村一二三产业融合发展对经济社会效益的提升。

五、存在管理体制和政策障碍

一是管理不够规范。政府对一二三产业融合相关的建设、安全、环保、卫生、服务等多方面缺乏一个规范的标准，管理制度落后，中央政策未能得到有效践行，管理质量不高。想要在产业融合发展道路上进行发展创新，需要许多管理部门共同努力。二是缺乏规划和安排。各地区缺乏一二三产业融合发展总体规划，只是盲目地推进一二三产业融合发展。三是部分政策欠全面。部分优惠政策只针对农民，而一些在融合发展中占重要作用的经营主体，却没法享受到同样的政策。长此以往，会削弱一些想来投资的企业的积极性。

六、过分注重短期效应，忽视长效机制

农村产业融合发展是乡村振兴建设的延伸，是推进新农村建设向纵深发展的再创造。目前我国正处于农村产业融合发展的关键时期，党的二十大指出要全面推进乡村振兴，坚持农业农村优先发展，坚持城乡融合发展，加快建设农业强国，扎实推动乡村产业、人才、文化、生态、组织振兴。各地政府响应中央号召，各个州市乡镇都取得了较好成果，但部分地区仍存在忽视长效机制的问题，农村生态环境遭到破坏，绿色生态产业贡献率较低。农村产业融合发展离不开生态建设。生态产业贡献率不高的原因主要有以下几点：一是农村基础环境保护设施落后，公共卫生及服务较差，环境污染、环境破坏十分严重，这

在一定程度上阻碍了农村生态农业的发展；二是由于生态农业产品没有形成自主品牌，且市场充斥着大量同质产品，导致产品的市场竞争力不足；三是相关产业技术落后，缺乏人才；四是农村生态产业与市场相结合过程中政府的引导力度不够，未形成科学的管理体系，基础设施建设不完善。

第五章　乡村振兴视域下农村三产融合发展的途径

第一节　优化产业链条，推动农村三产融合发展

一、延伸农业产业链，培育新型主体

（一）提高农产品加工业引领带动能力

在农村产业融合发展的进程中，起主导作用的是农产品加工业。针对目前存在的农产品精深加工能力不足、技术装备水平不高等现状，必须加快农产品加工业由初级加工向精深加工转变，推动产业升级。应当采取以下有效措施：一是促进农产品初级加工业、精深加工业和副产物综合利用共同协调发展，提升农产品加工转化率与附加值，延长农业产业链条，促进农业"接二连三"，提高价值链。二是要引导农产品加工业在科技园、产业园等园区集聚发展，壮大农产品加工业，提高农产品加工业的引领带动能力。三是要充分发挥科研保障机制的作用，加大科学技术投入力度，建设农产品产业研发中心，推进农产

品加工业产业体系的建立。生产无公害产品、绿色及多功能食品，瞄准国际农产品加工业高新技术发展前沿。同时，利用高新技术生产畜肉、畜乳、禽蛋等新产品，着力研发特色型、功能型的畜产食品，引进与国际接轨的产品标准与检验规范，进入高端国际市场，提升产品附加值和市场竞争力。四是加强农产品加工业品牌建设，促进小麦、玉米和水产品精深加工业的转型和升级，打造具有全国影响力的知名品牌，提高市场竞争力，保障农产品加工业持续稳定发展。五是从用地用电、财税、金融、投资等方面加大对农产品加工业的政策扶持和保护力度，形成发展合力，提升其发展水平，发挥其辐射引领带动作用。

（二）培育新型经营主体

围绕农业产业链，发挥龙头企业的引领作用，联合农民合作社、家庭农场，通过"公司+农民合作社+家庭农场""公司+家庭农场"等模式组建农业产业化联合体，实行种养加、产加销一体化经营。引导龙头企业及其上下游企业、高等院校、科研院所、行业团体等展开合作，发挥市场、资金、技术、人才、管理等方面的优势，组建多种形式的产业联盟，在创意策划、市场开拓、标准制定、技术研发、风险防范等方面实现资源互补，打造农业产业化龙头企业联合舰队，提高农业产业链的整体竞争力。

首先，发展新型农业产业主体，就要切实提高农民的知识和技术水平，培育出一批懂农业、会技术、能操作的新型农业复合型人才。一方面，政府要给予资金支持，整合各农业部门的项目基金，对农民加大培训力度，采取"送教下乡、进村入户、田间地头"的培训模式，将理论与实践相结合，鼓励农民参与新兴产业。另一方面，要积极对贫困农户、种养大户等各类主体进行短期技术培训，扩大培训规模和辐射范围，通过对贫困户子女进行免费职业教育培训，与其签订返乡就业合同，进一步改善农村人才资源流失问题。

其次，要切实发展农村合作社。农村合作社的发展，要有人才引领，加强对农业种植、生产、加工、销售等方面的人员培训，培育出新一代农业合作社人员。不仅如此，还要进一步加强对农村合作社的内部管理。一方面，合作社内部要建立相应的制度，切实加强对财务和管理人员的监督，确保合作社在公平公正的环境下运行。另一方面，还要完善合作社的服务制度，在对社员提供基本服务的基础上，进一步加强各主体之间的联系，培育更加紧密的利益联结机制。

最后，在龙头企业方面，龙头企业是市场中较为活跃的因子，其销售数量在市场产品数量中占较大部分比例。发展农业特色产业要壮大龙头企业规模，一方面，亟须引进跨地区、跨行业的精深加工企业，鼓励龙头企业实现信息资源、技术资源共享，建立更加紧密的利益联结机制。另一方面，通过政府支持或招商引资等方式培育龙头企业，对有资金或技术困难的企业及时进行帮助或者实现重组，加大资金投入，引进科学技术人才，切实壮大龙头企业规模。

二、升级产业链条，增强发展动能

（一）促进产业链更新升级

建立产业链的主要目的在于促进参与经济运行的各主体之间较为高效地整合资源，产生一定的协同合作效应，使各环节的进步与发展都能够在一定程度上促进经济增长。农业的产业链体现在相同种类的农业产品的生产、存储、销售等各个环节的全过程，而商业行为则是各产业最主要的连接手段，因此各主体之间的商业连接是必要的、必需的。首先，政府在政策的实施中，要注重产业主体之间的协作和分工；要在市场主导的基础上，发挥调控的能动作用；要在分工的基础上，促进多产业协调发展，共同创立并打造整体品牌，从而使区域产业融合能够得到高效、快速的跨越和发展。例如，加快当地特色农产品产业链升级。其次，作为产业链连接的重要性因素，科学技术的黏合作用是必不可少的，这就需要对技术的引进和研发做出更大的投入和支持。例如，可以制定较为优厚的人才引进政策，加大政府服务企业的力度，等等，从多方面减轻企业的现实压力，并且鼓励企业间开展合作。

（二）提高农业专业合作社发展质量

农业专业合作社在我国农村建设进程中，具有较为久远的发展历史，其主要关键点在于专业，体现的是农业生产中的功能性作用。通过专业化的合作，可以提升农产品的生产质量和生产效率，提升农户个体抵抗风险的能力，有效地整合和利用技术、人力、土地资源。并且回报率相对较高。当前，农村专业合作社存在运行效率比较低的状况，较多社员入社目的单一，没有长远规划，不了解专业合作社的内在优势。因此，农业专业合作社的运营内容、经营方式等方面的宣传和解说是必不可少的，各地区应当加大对农业专业合作社的宣传力度，使农户真正认识到合作社的内在优势，扫清其后顾之忧。同时，还可以引进企业资本，开展"企业+合作社"的联结运作，建立新的利益联结机制，促成共同发展、双赢的局面。

第二节　完善制度体系，拓宽三产融合发展空间

一、构建乡村治理新体系，夯实发展基础

（一）强化基层党组织建设

中国共产党在农村执政的核心组织是农村基层党组织，其在全面从严治党和全面建成小康社会的进程中发挥着不可替代的作用。基层党组织若服务不到位、履职能力差、贪污腐败，就会破坏中国共产党的执政根基，因此强化基层

党组织建设有利于中国共产党打下良好的群众基础。农村工作就是以农民为中心的工作，农村党支部书记要密切联系农民群众，倾听群众意见，为群众排忧解难，切实关注群众切身利益，宣讲好党的政策方针，团结好广大农村群众。强化基层党组织建设，可以从以下方面着手：一是加强政治建设。支部书记和党员要以身作则教育群众讲政治，坚定农民群众的政治立场，支持党的政策。二是提高干部队伍素质。明确用人标准，健全激励机制，选拔工作能力强、热爱"三农"工作的人当村党支部书记，为农村工作的开展和决策提供智力支持。三是重视制度建设，关注实践成效。严肃党组织生活，将"四议两监督一公开"制度落到实处，同时发扬民主政治，加大村民代表参与力度。四是抓好作风建设，肃清农村政治生态。坚定党员干部理想信念，提高拒腐防变能力，杜绝贪腐行为。五是增强服务意识，创新工作方式。打造服务队伍，制定考核机制，提高服务水平。六是做好党员管理和教育工作。创新学习方式，丰富学习资源，抓牢党员的思想阵地，传播正能量，严格规范党员行为。

（二）深化村民自治实践

乡村治理的着力点和关键点都在于人，通过村民自治，让村民有当家作主的意识，能够最大化地调动人这一因素，激发农民干事创业的精神，全心全意投入到农村建设和农业发展中去，引导农民自我管理、自我教育和自我服务。村民本身是经营的主体，村民自治使经营主体有权参与到农村集体土地的承包、集体经济项目的立项和集体资产的购建与处理中，能够用经营者和管理者的双重身份参与农村产业融合，为乡村振兴提供制度支撑。村民自治帮助村民了解国家关于农村工作的政策及战略部署，使农民牢牢树立法治观念，重视农民生产技术技能的培训，提升农民开展工作的能力。把农民塑造成新时代乡村振兴的主角，进而成为基层民主政治中的主体。对于村民自治，乡镇政府也要转变角色，将自身定位于指导者，发挥好指导村委会落实重大事项决策、村务公开等制度的作用，同时还要指导村委会明确发展目标、制定发展规划、梳理发展思路、给予其人力和财力支持，帮助村委会物色有发展潜力的村民作为村后备干部，确保村民自治后继有人。

（三）持续开展人居环境整治

"产业兴旺、生态宜居、乡风文明、治理有效、生活富裕"是乡村振兴战略的总要求，其中"生态宜居"是指农村人居环境显著改善。村民是农村人居环境的主体，也是农村人居环境的使用者和受益者。农村人居环境整治的动力和终极目标就是满足村民的需求。在人居环境整治中，可实施以下办法：一是精准施策，合理规划产业布局，对农村环境污染较大的工业和养殖业，要远离居民点。同时还应制定严格的奖罚机制，加大环保宣传力度，让人们从思想上增强环境保护意识。二是在农村产业融合发展中，将当地重点发展的产业与二三产业融合，发展地方特色旅游业，同时将地方特色产业充分融入农村人居环境整治，因村制宜，推动人文等元素融入地方产业，发展乡土民俗等创意农业，并围绕地方特色产业打造一村一品的特色村庄。三是深入基层充分调研，广泛听取村民对人居环境整治的真实意见，结合村民的生产方式和生活习惯及村民的现实需求和村庄的现实条件，因村制宜，发挥村庄的优势，并鼓励在村内成立环保协会，组织村民承担一定的清洁和维护任务，打扫好公共空间的环境卫生。

（四）配套基础设施建设

农村产业融合需要与之相对应的基础配套设施。针对当地农村的特色，要加快完善农村水利、灌溉、道路、管网和通信等基础设施建设，为产业融合提供最基本的保障。推进水肥一体化设施建设，对产业基础较好的园区，提升其整体机械化水平，减少劳动力投入，降低园区生产成本，增加产业链前端的利润。加强农产品冷链物流基础设施建设，改善仓储流通状况，加大对农产品流通的支持力度，以形式补偿的方式指导农业产业化示范基地施工质量检验和技术研发及物流、厂房等公共服务平台建设，引入实力较强的龙头企业开展产品精深加工。完善停车场、观景台和旅游接待中心等设施，为农业与旅游业融合提供硬件基础。提高农村信息基础设施建设的配套水平，为农村三产融合发展提供信息网络技术方面的硬件保障。

二、完善融合机制，催生制度保障

（一）保障农民发展利益

农民通过与新型农业经营主体构建紧密的利益联结机制，享受产业融合过程中产生的红利，增加了收入，解决了增收缓慢的问题。支持农村集体经济组织、农民专业合作社等可靠主体，为小农户提供社会化服务，或者鼓励新型农业经营主体联合周边小农户参与集中生产，推广绿色生态高效现代农业，将小农户和现代农业发展有机衔接。为更好地保障农民土地权益，让农民在流转或者入股时有价值参考，必须推进地价体系建设，为农村土地利用管理工作提供基础支撑。要改变只是让农民拿到市场工资的现状，从根本上让农民利用现有的农业资源实现价值创造，让农民能够享受到资产升值所带来的收益。为农民提供红利保障制度，在市场竞争日益激烈的情况下，重视农民的技能水平提升。

（二）完善利益联结机制

一是创建新型的农业订单及签订相关合同，从而支持企业在互惠互利的基础上进行合作。部分地区采用土地经营入股的利润分配方式，使农户的土地变成标准化生产基地。二是提供贷款担保，资助农户参加农业保险，鼓励农产品产销合作，健全生产标准、技术开发和质量追溯体系，联合打造品牌，实现利益共享。鼓励发展农民股份合作方式，探索不同情况的农用地基准地价评估模式，试点推行以土地经营权入股的利润分配机制，为农户的土地流转提供依据和标准。三是增强企业的责任意识，引导并鼓励一些从产业融合企业中流出的农民进行创业，并对他们进行专业技能的培训，为他们提供社会保障，逐步带动农户扩大生产经营规模，并提升其管理水平，构建龙头企业联农带农奖励机制。四是不断完善风险防范机制,规范工商资本租赁农地行为,构建土地流转、订单农业等风险管理机制,制定与农村特点相符的信用评级体系,提升土地流转、订单等合同履约监督效果。

(三)树立风险共担意识

要积极培养新兴产业深度融合活动主体,树立风险共担意识。农村三产融合试点项目建设是一个不断创新探索的过程,不能简单地认为只要参与农村产业融合,就能享受到市场经济的利润,要做到让所有参与主体都拥有对市场经济风险的防范意识。在当前市场经济下,所有的融合发展企业项目主体要么面临伴随市场规律波动的巨大风险,要么具有契约人的精神,无论进入市场还是退出市场都必须要按照共同参与项目主体或者多方的共同相关法律规定共同进行,要正确认识在市场规律及其作用下一个企业正常的融合发展经营过程,要坦然接受一个产业技术融合发展项目的成功和失败,要与其他项目参与方共同承担风险、共享利益资源。

(四)优化金融惠农机制

对基层融合主体而言,在发展中需要大量资金租赁土地、购买农资等,对资金的需求是巨大的。由于银行贷款具有"身份"特征,借款者的身份和资产是银行贷款重点考虑的内容。涉农产业或者个体,因为受农业灾害、收益周期长等特点的影响,向银行申请农业贷款十分困难,客观上制约了新型涉农经营主体的融资渠道。要想破解当前金融难题,一方面,应当加强对普惠金融政策的解读,使农业各主体了解金融支持的手段和方法。强化农业信用合作社、农村村镇银行的主力军作用,降低贷款门槛,缩短资金周期,并辅之以农业生产基金等社会化融资手段,建立资金支持的绿色路径。另一方面,应采取各种方式,从财政、上级拨款或者援助中专门抽出一定资金,建立农村三产融合专项基金,帮助各产业链主体解决融资及贷款问题。

三、发挥政府引导和支持作用

（一）完善基础设施建设

农村基础设施建设对促进农村经济社会发展、推进城乡一体化具有重要意义。党的十九大报告从经济社会发展全局的高度创造性地提出了实施乡村振兴战略，要求坚持农业农村优先发展，按照产业兴旺、生态宜居、乡风文明、治理有效、生活富裕的总要求，建立健全城乡融合发展体制机制与政策体系，加快推进农业农村现代化。因此，公共服务和农村基础设施是实现农业强、农村美、农民富的重要抓手，是乡村振兴总体任务的强力支撑。补齐农村基础设施短板，一是要转变"重城市、轻农村"的发展思路，二是要统筹生产、生活、生态三大方面，加强科学规划建设及后续维护监管。首先要以规划为引领，因地制宜，做好设计规划，要全面考虑产业发展、土地利用、人居环境整治、居民点布局、历史文化传承和生态保护，编制多规合一的具有实际价值和可行性的村庄规划。三是用机制做保障，创新农村公共服务设施和基础设施的决策、投入、建设和运行管护机制，引导并鼓励各类社会资本参与农村公益性基础设施建设。四是要提升农村医疗卫生、教育文化、社会保障等公共服务水平，大幅增加农村公共产品供给数量，不断提升"软硬件"基础设施水平。

（二）加强政策支持力度

增加财政对农村公共服务和产业融合基础设施的预算支出。一是可以通过建立专项资金，优化投资结构，推进产业融合；施行专款专用制度，由专业机构对专款进行监管和监督；项目资金的使用需定期向专门部门进行汇报，防止弄虚作假套取产业基金。二是创新财政补贴手段和税收优惠政策，将农业补贴资金向农村三产融合主体倾斜，对农业发展中出现的新业态施行税收优惠政策，设立农村三产融合发展基金，为农村三产融合发展中的新产品、新技术、新业态提供融资服务支持。三是加大政策性农业担保机构对新型农业经营主体融资的支持力度，完善金融保险政策，推动政策性农业保险发展，支持金融机构增加服务供给，加快实现特色产业全覆盖，拓宽农村产业融合融资渠道。四是加快推进农村产权制度变革，落实、完善农村信贷抵押担保政策，扩大贷款抵押范围，建立农村财产评估机构，推进农村资产产权抵押政策试点工作。五是拓宽融资渠道，综合运用贷款贴息、参股、担保等手段，秉承自由出入和规范经营的原则，引导金融、工商和社会资本投入到农村三产融合发展中的重点区域和关键环节，比如，新品种研发、新技术推广、生产性服务、农产品加工、储藏、物流、品牌建设等环节和领域。五是注重引入社会融资。基础产业发展包括现阶段的农商银行及资金互助社等直接融资手段，引入社会融资能够推动社会融资链的发展，实现各种投资途径一起发展，也能够推动乡村一二三产业的融合，进而促进农产品的深加工，从而提升其价值。

就产业融合的主体角度而言，在农村地区进行产业融合的重中之重在于各主体要将之前的行业边界予以突破并实现跨行业发展，基于分工协作的角度实现经营。具体分析来看，产业融合体现在企业为农村经济发展加入更多的科技支撑元素，企业可以采用科学技术打造更加安全无污染的农业。农产品代谢阶段涵盖了各方面因素的融入，企业可以通过使用各种因素构建环境，也能够打造更多的融入方案，使农民公司、农村合作社等各方主体参与其中，建立经济技术合作关系，打造战略联盟，进一步享受农村资源的分配和利润。基于此，农业区域的产业融合会有较大的发展潜力，上述经营主体投入的各项经营要素也会发生作用，实现产业融合的多元化形式，也能够使农业发展产生新活力。

（三）提升管理水平保障

农村产业融合发展涉及多领域、多要素、多主体、多区域，因此在发展过程中，应该多部门协同推进，共同保障产业融合顺利进行。一是加强农村产业融合的宣传引导。通过编制手册，编发短信、微信、微博等方式向农民宣传农村产业融合的内涵、发展形势、给农户带来的利益。宣传、解读国家下发的相关文件和政策措施。大力弘扬农村产业融合发展过程中的创业创新精神，树立农村产业融合发展的先进典型，宣传优秀带头人，发挥其示范带动作用。二是加强调查研究，结合本地实际，研究推进农村产业融合发展的有效措施，加强工作指导，加强经验交流和推广，促进政策落实，深入了解地方农村产业融合情况，了解融合主体的现实困难，帮助解决融合主体的实际问题。三是强化公共服务能力。推进农村产业融合的政策咨询、市场信息咨询等公共服务，建设信息服务平台，加强对农村产业融合发展的动态监测和调查分析。四是构建农村产业融合发展的推进平台。产业融合发展具有系统性的特点，会涉及多方机构，需要建立协调沟通机制从而加强部门之间的合作和分工，设立推动产业融合发展的平台，通过联合财政、金融、旅游、国土等多个与农业相关的机构，发挥平台牵头作用，明确任务分工和推进机制，落实部门责任，形成工作合力，全面推进农村产业融合发展。

（四）完善土地流转机制

完善土地流转机制，促进当地土地流转工作的进行。基于市场价格及商定补贴的价格保障农民权益，也可以在极大程度上整合土地资源，满足新型农业经营主体的需求，促进当地产业的融合发展。同时，健全农村自然灾害赔偿机制，并且建立有效的经济保障制度，减少农民因为自然灾害而出现的经济损失，调动农户参与农业生产的积极性和主动性，确保以农民为主体，加强社会融合发展。注重发展与农村当地相匹配的科技要素，充分投资，由本土专家对农民进行针对性的教育培训，引进先进技术，加强经验交流，注重投资，与当前较为先进的技术相融合。注重提升产业整体的技术含量，这样有助于提升产品总体的附加值，打造全国农村科技成果交易中心，使信息科技与服务业融合发展，推动农村一二三产业进一步发展。

第三节　创新跨界融合，找准三产
融合发展路径

一、加强品牌建设，拓宽销售渠道

（一）加大科技投入打造特色化品牌

首先，引导特色农产品标准化生产。农产品标准化生产是现代产业发展的一种趋势，是指根据市场需求，采用先进技术对农产品生产、经营等各个环节进行标准化指导，一方面有助于增强农产品的竞争力，从而提升县域地区的经济效益，另一方面有利于为农业产业走向国际市场创造条件。为切实加强农产品标准化建设，可以从两方面入手：一方面，完善标准体系。在国家现有农业发展标准的基础上，根据农产品发展特性制定出种植、生产、加工等一系列标准，确保农产品的每一个环节都符合标准化体系要求。另一方面，打造高标准示范园区。根据绿色食品与有机食品的发展要求，加强监测管理，还可以发展节水农业、生态农业，在农药方面严格控制用药标准，切实保障农产品质量安全。

其次，加大宣传力度。现如今"酒香也怕巷子深"，作为一个农业大国，为更好促进农业特色产业的发展，就要充分把握各种机会，运用线上线下双结合的产业发展模式。一方面，线下通过产品展销会、营销座谈会及举办各种相关文化活动，将农产品展现给广大消费者，切实提升农产品的影响力；另一方面，线上通过运用各种网络平台，在电视广告、手机新闻、农业报刊等平台进行宣传，让其他地区也能切实关注到各地的农业特色产业品牌，既保护了地方的农业特色产业知识产权，又有助于提升农业特色产业的竞争力。

最后，打造特色产业品牌提高产品档次。一个产业的产品质量就是产业的销售名片，要打造农业特色产业品牌就要从产品的规划工作入手，以保证质量为前提，深挖产业文化，将文化发展理念融入产业发展模式，切实提高特色农产品的档次。另外，特色农产品的规划工作要注意产、管、销环节，在生产方面，农户和企业要严把质量关，坚持质量第一的生产理念；在管理方面，要结合政府的监督服务，在定价及操作管理的各个环节做好监督工作；在销售方面，拓宽销售渠道，扩大销售范围，为农业特色产业的发展创造有利条件。

（二）完善销售理念，提升产业竞争力

第一，在定价策略方面，特色农产品的价格始终受到广大群众的关注，价格太高，消费者不认账，价格太低，生产者成本不够。因此我们可以针对价格制定开展具体的市场调研，然后对特色农产品进行分类，在产品出售前，将特色农产品的营养价值、生产加工等方面向消费者介绍清楚，满足消费者多层次的消费需求。同时市场价格不能忽高忽低，要保持市场的供需平衡，规范市场秩序，对哄抬特色农产品价格的经营者给予严厉警告并进行批评教育。

第二，在销售策略方面，要拓宽销售渠道，助力产业发展。一方面，实现网络化销售，通过引进"互联网+"技术形成订单模式，实现产销一体化发展，不仅能节省成本而且能带动经济发展。另一方面，政府可以组织国际农产品交流活动，将中国的特色产品远销国外，既相互借鉴农业相关经验，又促进品牌化产业的形成。

第三，在促销策略方面，完善线上线下双融合促销渠道。一方面，线下推广。线下推广作为一种传统促销手段，主要为有购买倾向的顾客介绍农产品特色等相关知识，其在促进农产品的销售方面作用重大。另一方面，线上拉动。主要由公司或者企业建立网上交易平台，通过将农产品信息罗列到网络平台中供消费者选择，充分发挥线上交易的便利性，降低了时间成本。再者，也可将特色农产品纳入文化旅游与乡村休闲等活动方式中，在满足人们精神需求的同时传播当地文化，提升特色农产品的竞争力。

（三）创新特色农产品的经营方式

首先，随着互联网的兴起，微信、微博、快手、抖音及其他网络平台应运而生，网络平台的产生极大地缩小了生产者、经营者、消费者及政府等主体之间的差距，促进了特色农产品的发展。随着越来越多的网络红人和电商主播加入到直播卖货的行业中，电商发展突飞猛进。在特色农产品经营方式中，可以引入"直播+订单"的经营模式，通过在直播中下单、原产地发货的方式带动农业特色产品的宣传与销售，既增加农民收入，也在一定程度上节约时间及流通成本。同时，政府也要加大资金支持力度，提升信息网络化水平，让信息网络覆盖农村的每一片地区，为创新特色农产品的经营方式提供基础条件。不仅切实帮助农民及时了解市场信息，更能帮助消费者买到放心好物。除此之外，还应该建立并完善物流配送体系，将特色农产品的经营及售后服务进行捆绑，在产品的销售环节，积极发展冷链物流、智慧物流、仓储物流，建立健全物流配送体系。在产品的售后环节，通过互联网技术，实时更新并关注产品期限，保障农产品的新鲜时效与质量安全，推动农业产业向网络化更进一步发展。

二、发展壮大乡村特色优势产业

乡村特色优势产业的发展壮大有助于促进农民增收。应该充分利用当地资源优势，结合历史文化要素，合理开发和利用特色优势资源，推动乡村特色产业发展。打造有鲜明特色、独特优势、市场竞争力强的农业优势区，形成特色产业集群，打造现代农产品品牌，以产业振兴推动县域经济繁荣，培育现代化强镇，打造乡村振兴发展新格局。

第一，做强、做精乡村特色优势产业。可以因地制宜发展特色种植业和特色养殖业，合理保护和开发地方农产品品种和农业资源，建立农业特色区域和特色农产品基地等，在乡村地区发展以标准化工厂和生产车间为特征的现代化农业，发展特色食品、制造业、手工业、绿色建材等地方产业，合理保护和开发乡村各种文化遗产资源。创新农业生产组织形式，将种植养殖业的发展方向定位为规模化、标准化、品牌化和绿色化，生产出绿色、优质的农产品。

第二，大力发展休闲农业和乡村旅游业。发展乡村旅游业是乡村发展转型和农民致富的重要渠道。一是要充分利用田园风光、自然生态和资源禀赋优势，打造旅游、文化和生态的融合发展模式，促进农牧渔业、旅游、文化、医疗等产业的共同发展。二是通过乡村旅游使农产品商品化、特色化，打造具有地方特色的旅游品牌，使农产品成为旅游产品；通过电子商务平台，提高农村生态产品的附加值；将农民利益捆绑到生产链上，支持农村集体经营乡村旅游合作社或旅游企业，对优势项目实行股份制管理，开发大型餐饮、住宿、体验项目。通过农村产权转让、入股获得租金红利、提供当地农产品等方式，让农民返乡投资乡村旅游建设、分享旅游经济红利。在发展旅游业的同时，还要注意处理好保护与发展的关系，加强生态环境保护。

第三，打造智慧农业。应用互联网、云计算、大数据、物联网技术及 5G 网络等先进技术，在农业生产过程中进行智能感知和分析决策，同时由专家进行远程在线指导，建立智能预警系统，从而实现生产精准化和智能辅助决策。一是要在生产领域实现智能化。在种植、畜牧、渔业生产经营环节，在农村工业生产过程环节，在农垦区、现代农业产业园、大型农场生产管理环节，都提高农业生产全程的自动化程度，提高农业生产率。二是通过物联网、云计算、大数据等技术的应用，建立个性化、差异化的营销方式。对农资采购、农产品流通等数据进行实时监控和传输，解决信息不对称问题；在主流电商平台上自办基地、自建网站、自销渠道，推进农产品市场化营销和品牌化经营，实现农业产销的订单化、流程化和网络化。智慧农业的发展有利于提高农业生产经营决策水平，增强抵御市场风险的能力，节约成本，提高效率，从而扩大收益。支持智慧农业发展，从国家层面来说，应全面推进乡村的数字基础设施建设。

第四，大力发展创意农业。创意农业是农业现代化的新视角和新趋势，只有整合创新文化，才能实现农业创新发展。一是运用现代高新技术发展农产品加工业，创新农村服务业，将艺术元素融入科技，提高农产品附加值。二是突出文化元素在创意农业发展中的应用，挖掘并利用当地农业文化资源，发展创意农业。三是推进农业、旅游、医疗、教育等产业深度融合，对农业产业链进行设计和创新，培育和创造多功能的创意农产品，推进创意农业产业化发展。四是把创意农业发展与美丽乡村建设有机融合，与农业生态建设协调推进，培育一批引人注目的创意农业景观，把绿水青山变成金山银山。五是搭建宣传营销平台，创新农产品营销方式，促进农产品的产销衔接、优质优价。

三、发展多种类型的新业态和新模式

要聚焦产业促进乡村发展，深入推进农村一二三产业融合，大力发展县域富民产业，推进农业农村绿色发展，让农民分享到产业增值收益。以农村经济发展为基本依托，以第一产业为基础延伸产业链条，拓展到二三产业，打通一二三产业界限，发展新兴业态。产业融合就是推动第一产业向上流动到附加值较高的二三产业，从而形成三个产业交叉互通的新形态。从实物形态看，是发展农业生产、加工、销售、观光、休闲、体验等多种产业；从价值形态看，是通过技术进步和产业融合，增加农村产业收益和农民收入，关键是让农民在产业链延伸、价值链提升中获得更多收益。促进农村一二三产业融合发展，就是要培育多种类型的新业态和新模式，通过加快开拓创新的步伐，以新理念、新视角、新举措发展农业新业态，使其成为农村新兴增长点。

实现多种产业融合，推动农林文旅卫一体化发展，使其成为农业和乡村优先发展、综合发展和高质量转型发展的新动力，成为农民增收的新渠道。具体可以采用以下模式：一是实现农业、旅游业融合发展。深入挖掘农村休闲农业的发展潜力，推进休闲农场、田园综合体、美丽村庄建设，打造集农耕体验、田园观光、旅游观光于一体的乡村旅游产业。积极建设和申报中国美丽休闲乡村和国家休闲农业精品公园，积极举办乡村旅游节，打造旅游市场热点。二是实现农业、文化和旅游融合发展。推进农业、文化、旅游产业融合，深入挖掘农业和乡村文化资源,结合文化创意产业的发展逻辑,发挥创新思维,将科技、人文等要素融入农业和旅游业的发展中。三是实现农业、康养和旅游业融合发展。通过发展绿色、有机和符合生态保护要求的种植养殖业,研发健康食品,开展具有农业耕种、食品生产和餐饮行业体验的乡村旅游观光项目,从而打造生产健康食品的完整产业链。四是实现林业、旅游业和康养融合发展。依托森林资源,充分发挥森林的养生功能,重点发展林业旅游和森林养生,将优质林业资源与现代医药有机结合,开展一系列有益于人类身心健康的活动,如森林恢复、疗养、保健和休闲等。以乡村资源禀赋为基础,突出主导产业,构建新型田园综合体、打造宜居宜业的农业特色小镇、建设文创休闲农业园区等一批乡村产业一体化发展示范园区、旅游型民俗村等,形成多方共同参与、集聚多种优势要素、多种业态共同发展的新格局。

四、"互联网+"赋能农村三产融合路径

以网络技术为中轴的新技术革命已经成为现代农村产业发展不可或缺的要素。"互联网+"战略实施以来,国家先后发布了《关于开展 2017 年电子商务进农村综合示范工作的通知》《关于深化农商协作大力发展农产品电子商务的通知》《关于开展 2018 年电子商务进农村综合示范工作的通知》等文件,为促进"互联网+"推动"三农"发展出台了许多优惠政策。各地结合实际,深入用好、用活相关政策,整合各种要素积极探索,既为农产品经销拓展渠道,为助力"三农"腾飞、促进现代农业实现新的跨越注入新的力量。农业农村部发布的《全国乡村产业发展规划（2020—2025 年）》中指出,应引导乡村产业健康、全面发展,改善乡村信息网络基础设施,结合互联网加快推进农村产业、农村电商与地区经济协调发展。

（一）"互联网+"赋能农村三产融合内源与外源动力

首先，"互联网+"为农村三产融合提供内源动力。"互联网+"促进了城乡互动，农村以外的工商业资本注入乡村产业，以多种形式入股参与农村产业发展，为农村三产融合提供了多元化社会资本；"互联网+"乡村旅游是农业多功能化的具体表现，"吃住行游购娱"的特性为农村三产融合提供了融合典范；国家"互联网+"战略，催生农村电商、"淘宝村""网红村"等蓬勃发展，助力农产品生产加工、物流服务、包装设计、品牌营销、网红摄影等产业在农村地区扎根，丰富了农村三产融合的内涵；互联网要素进入农村后产生的新业态新技术新产业，比如，食品短链、农产品追溯技术、农产品地理标志认证等，为农村三产融合多元模式提供了基础。

其次，"互联网+"为农村三产融合提供外源动力。农村三产融合策略可以分为两类，一是农业生产内部的产业化发展，二是农业同二三产业的紧密互动与相互渗透。而两种融合途径畅通的关键是市场，准确地说是农产品如何通过市场变现，增加农民福祉。可以通过满足不同市场需求的农产品加工、流通与销售增强农产品的市场变现能力，这就需要扩大原来相对单一的农产品市场规模。国家大力推行"互联网+"战略，农村通过接入互联网成为连接"地球村"的重要一环，某种程度上开拓了一个无限大的市场，配合相对完善的物流系统，为农村不同类型、不同加工程度的农产品找到买家，极大拓宽了农产品市场的销售渠道，为农村三产融合提供了外源动力。

（二）"互联网+"与农业生产相结合

"互联网+"是围绕网络技术的移动互联网、大数据、云计算、物联网等一系列新技术的统称，与农业生产相结合形成农业物联网、智慧农业、设施农业、精准农业、循环农业、生态农业等新业态。互联网在其中发挥精准化、智慧化与数字化三大核心功能。农业精准化是利用物联网等技术配合无处不在的传感器，收集有关田地的精确数据，制定各种生产管理策略，对每一小块土地精耕细作，从每一颗种子中榨取出最高的价值。农业智慧化就是利用信息技术对农业生产进行定时定量管理，根据农产品粮食、水果和肉类等的生长情况合理分配资源，实现农业生产的高效低耗、优质环保。农业数字化是依靠物联网、大数据、云计算配合农业生产监测过程中的各类传感器技术对作物进行实时监测，实现数字化管理。比如，农业养殖过程中为了生产更多、更好的肉蛋奶，禽畜饲养业中与动物健康相关的大量数据，也是智慧农业实现精准化操作所必需的关键信息。

（三）"互联网+"延长产业链，提升价值链

农业产业链包括农产品产前、产中、产后、流通、销售等一系列的环节，所有的环节都密不可分，任何一个环节出现断裂都会影响到整个农业产业链。信息技术在农业产业链中具有重要地位，延伸农业产业链是运用互联网信息技术整合农产品的物流链、信息链、价值链，从而提升农产品的附加值，增强其竞争力，使农村产业向着纵向一体化发展。以往中国农业产业链存在多元主体之间缺乏协同的问题，农产品质量安全无法得到有效保障。网络信息技术解决了农产品质量控制问题，研发原产地标识可查技术、食品可追溯系统，不仅充分运用了农业资源，还整合了农业各部门之间的有效衔接，配合电商物流、网络营销等互联网营销手段，通过延长农业产业链实现农村三产融合。"互联网+"战略推行的过程中，原来被分割的城乡市场、劳动力市场、金融市场等被逐个整合，整体提升了农村三产融合的组织化程度。"互联网+"催生新产业、新业态，极大延长了农村三产的产业链，农产品可追溯系统保障了产品品质，提高附加值，提升价值链。通过完善农村电子商务渠道，发展共享物流，加快农村互联网金融的发展，完善农村互联网金融体系，打造农产品品牌，树立良好的互联网营销形象，通过"互联网+"提升农业价值链，推动农村互联网电商平台、乡村旅游、旅游特色小镇向农业产业多功能化发展。

（四）用好"互联网+农业"，打造智慧型业态

通过对产业方式、营销方案和生产模式进行创新，打造新型的"互联网+农业"模式。它主要通过便利的形式、实时的更新、万物的互联、智能的操作等作用于农业产业链上的整个环节，包括生产、管理、运营、销售等环节，"互联网+农业"的模式为农业发展注入活力。

一是生产环节要严格管控。"互联网+农业"的模式从根本上改变了现有的农业生产方式，使农业生产更加自动化，同时生产过程更加精准化，并对发生的质量问题可以追根溯源。通过物联网技术，在生产过程中安装无线传感器，通过传感器可以实时采集生产情况，比如，种植作物的温度、湿度、光照和生长情况，把以上的生长信息采集到传感器，通过后方的采集平台，对以上数据进行加工整理，再通过人工算法对以上信息进行分析和处理，把数值进行量化，将量化的数值再反馈到种植环节，可以自动控制生产过程中设备的启停，从而达到"智慧农业"。将科技应用于农业生产的全流程管理，包括生产、加工和销售阶段，对此达到一定的改善效果。利用现代新型技术，比如，物联网、大数据分析、人工模拟算法等新型技术，对农产品的生产过程、加工步骤和销售管理进行智能化的管控，以此为基础推广智慧化农业、精准化生产和智能化作业。坚持技术主导，支持、鼓励各类产学研企业和单位加大技术研发力度和科技创新力度，不断提高节能减排、环境治理的效果和经济性；加强产融结合，创新商业模式，多渠道引入资金，突破投资大、回报低、周期长的瓶颈，加快形成新的支柱产业。

二是流通环节要不断畅通。充分运用"大数据"和"互联网+"，通过微博、微信和QQ等线上资源，广泛开拓流通渠道，借助农村电商，搭建基于互联网的销售平台，通过直播带货、线上交易等模式，加快推动农村电商成规模、上档次。汇集各类社会媒体，通过公众号、抖音号等新媒体，融合创意农业理念，将更多理念融入农业销售、流通过程，通过不断发展创新式农业，吸引更多人参与到农业生产、加工和流通上来。探索"线上+团购"模式，发挥本地农产品

销售品质高、半径小、服务好的优势，采用小区团购、线上代购等方式，打造农产品"十五分钟服务圈"。

第四节　突出集群效应，创新提高
三产融合质量

一、培育龙头企业，整合集群资源

对产业集群的最早认识来源于马歇尔提出的产业区的概念，他从外部经济的角度出发，认为产业区是由专门人才、专门机械、原材料提供、运输便利及技术扩散等"一般发达的经济"所造成的外部经济促使小企业集群从而形成产业集群的过程。农业产业集群是农业发展到一定阶段的标志性形态，是社会分工逐渐细化、专业化程度不断提高、社会不断进步的现象。产业集群的各主体之间从地理位置上看是相邻的，在某一个相关的产业领域，集群内部各主体参与互动，农业产业的空间布局相对集中，各经营主体既能相互联系又能分工协作，存在共性且优势互补，能快速提高经济效益，逐步实现产品、功能、结构的升级和优化，形成既合作又竞争的强劲局面。

（一）重点培育区域龙头企业，发挥标杆企业引领作用

受根深蒂固的传统思想影响，农民习惯自给自足的生活，但是这个想法早已跟不上社会发展的步伐。培育区域龙头重点企业是提高农业产业化水平、促进农业产业结构调整的重要途径，有利于提高农业经济综合效益，增加农民收

入，促进农业的现代化发展。

首先，因地制宜选择该地区有产业联系的中小企业并将这些中小企业聚集到一起，以企业收购、兼并或是以融资、控股为手段，尽可能地形成具有一定规模的大型骨干企业，进行集中扶持，这些大型骨干企业即龙头企业应符合国家的产业政策，具备良好的区位优势、产业优势、经济优势，同时能够参与国际竞争，带动能力强，能推动整个地区的发展。其次，在龙头企业形成之后，应继续跟进企业农产品加工的各个细节，选择性地加以帮扶，比如，要改进传统的农产品加工方式，重视农产品的深加工，开展多元化经营。同时对龙头企业提供培训服务，着重于技术创新，督促龙头企业引进新技术、新工艺，更新生产设备，也要注意保护环境，及时进行污染治理；加大金融支持力度和出台优惠政策，外联市场，内联基地和农户，形成标准化基地建设，及时扩建以便跟上规模化发展速度，还要学习先进的信息技术，建设网上交易城、电子商务平台和物流配送中心等。最后，要以订单方式为主，在企业与农户之间建立一个相对稳定的生产销售关系，共同发展，相互依存，促进农业的转型升级，逐步形成产业化、规模化的现代化农业生产体系。

（二）深度整合集群资源，汇聚规模经营优势

第一，建立权威的行业协会，提供社会服务。目前来看，农业服务机构的数量并不多，质量也参差不齐，农业产业集群的优化和升级，离不开权威行业协会的建立。行业协会是以提供专业化服务为目的的机构，主要职能有：经济运营、营销推广、产业运作、教育培训、提供市场的信息指导和技术推广服务、密切联系政府与农民、密切联系农户与市场，同时对集群内部各主体进行监督，快速、有效地改善农村产业发展中存在的市场信息获取不及时、生产方式单一、技术落后等问题。行业协会形式多样，例如，农民合作经济组织、中介组织、农产品行业协会等。行业协会早已在发达国家普遍推广，它们以制定符合产业发展规定的标准或是规章制度为前提，对农业产业集群各主体进行管理和监督，成为促进农业产业化、市场化、规模化发展的重要力量。但是农业产业化的发

展依靠农户个人的力量远远不够，所以在建立农业协会等服务机构的同时，要发挥政府的规范引导作用，对农业的发展给予大力支持。积极引进先进生产技术和管理模式，利用农业信息网络实现数据资源和信息资源的共享以促进农业产业结构的优化和升级，实现农民增收、政府管理有效的双赢局面。

第二，积极鼓励农户参与建立专业化生产基地。农户是整个农业生产与发展的主体，农户的广泛支持与努力对农业产业集群的建立极其重要，在政府和广大行业协会的引导下，农户以极高的热情参与农业生产是推动乡村振兴战略落实的重要保障。因此，应充分发挥农户的作用，以资金或土地等要素参与入股来提高农户的收益，满足其经济诉求，同时使农户与企业共同承担风险，提高其积极性，增加农户的基本收入。同时要鼓励农户建立专业化、标准化、规模化的生产基地，这是龙头企业发展的需要；此外，龙头企业和广大服务性的行业协会要起到带头和引领作用，提供市场最新消息，进行技术推广，也要完善配套基础设施，及时跟上生产经营活动，专业化的生产基地能有效提高市场的竞争力，扩大农产品在本区域的影响力，更好地促进农业现代化的发展。

二、注重科技创新以提高融合质量

（一）利用先进技术推动农村产业融合发展

农业现代化是动态发展的过程，其内涵随着技术条件的改变而变化，传统意义上的农业现代化以机械化、水利化、化学化、电气化为典型特征，属于生产过程领域内的现代化。随着农村产业链的不断延伸、农业多功能的不断拓展，传统的农业现代化已经不能满足当前的农村产业需求，应该加快建设农业融合化、智能化、信息化、网络化支持体系。在发展的过程中，各地政府更应该注重在农业生产、农产品加工、农村物流等领域加强科学技术的运用。

一是农业生产上的技术运用。"产前"高质量的生产要素的选择、"产中"生长状态的监控、"产后"产品的物流和营销等都需要利用先进的技术加以管理。要组织联合育种攻关，选育优质、专用、特色新品种，推动主要农产品品种新一轮的更新换代。二是要整合农业科研资源，形成以农业自然生产区划为基础的科研资源布局。为提高农业科技成果转化率，要建立"特色产业+专家团队+农科人员+带头人+农户"的科技成果推广转化机制；要加快建设以农业龙头企业和大型企业集团为核心的农业技术创新体系；要构建农业科技中介服务体系，培育市场化农业科技服务主体。三是用现代科技和现代工业来装备农业，用现代经济科学来管理农业，建立高产、优质、低耗的农业生产体系和合理利用资源、保护环境、有较高转化效率的农业生态系统。支持企业在加工技术更新和设备改造上下功夫，鼓励企业与科研院所深度合作，建设加工技术研发中心，提升企业核心竞争力，在生物技术、装备技术、信息技术、降耗技术四个方面取得突破。四是针对产业支撑体系中的短板和弱项，强化农田水利、高标准农田和农业机械化建设，以及农技服务、冷链物流和信息化体系等支撑。针对农产品电子商务新业态的发展，建立城市到农村、农村到城市的双向物流网络新配送体系，以解决农产品电商物流配送瓶颈问题。

（二）提高创新能力推动农村产业融合发展

习近平总书记在《关于〈中共中央关于制定国民经济和社会发展第十三个五年规划的建议〉的说明》中提出"用新的发展理念引领发展行动"。在推动农村一二三产业融合发展的过程中也应如此，用创新思路推进农村三产融合发展。具体而言，在今后农村产业融合的过程中，应多方面增强创新意识，运用创新理念，从多方面形成农村产业融合方面的创新。

一是加强产业业态方面的创新。在产业形式上，要从单一物质产出向物质与非物质产出并重转变，用互联网农业、智慧农业和休闲农业替代传统农业生产业态，加强对农村特色产业的调研摸底，挖掘一批乡村手工业、乡村传统工坊、乡村能工巧匠、乡村文化、乡村车间等乡土文化资源，挖掘乡土产业的产品价值、文化价值和艺术价值，推动乡土产业成为富民产业。建立乡土气息浓郁、市场影响力强的地方乡土特色产业名录，分类分批公布。二是加强农村产业融合平台的创新。依托农业园区、集中居住小区、双创园区搭建平台，形成农村产业融合的集聚，注重特色小镇和田园综合体建设，以更为多元化的方式推动农村一二三产业融合发展。三是加强农业经营组织方面的创新。推动农村产业融合，要加强不同主体的参与力度，通过不同参与主体的分工协作，突破人才技术方面的制约，形成多形式、多利益联结的主体联合机制。四是加强机制方面的创新。当前农业为国民经济提供土地、劳动力等要素的功能和出口创汇功能在弱化，其就业和增收功能趋于稳定，农产品有效供给功能在强化，生态保护、休闲娱乐、健康养生、文化传承等新功能迅速显现，在发展机制上从分工分业向产业融合转变，要素跨界渗透推动农旅结合、农贸结合、农文结合，构成了乡村产业的主要特征，产业融合发展政策应该由聚焦农业和农产品供给转向聚焦乡村多种产业和不同业态，重点支持新产业、新业态发展。

参 考 文 献

[1]程玉伟.乡村产业振兴视角下的农村一二三产业融合发展研究[D].北京：中共中央党校，2021.

[2]顾惠玲.宝应县荷藕产业三产融合发展问题及对策研究[D].无锡：江南大学，2022.

[3]郭文宇.乡村振兴战略下农村产业融合发展研究[D].重庆：西南大学，2020.

[4]洪平平，梁玮.全面推进乡村振兴战略的时代背景、历史意义和实践路径[J].中共南昌市委党校学报，2022，20（05）：29-33.

[5]侯金星.乡村振兴战略下农村三产融合发展研究——以滨州市滨城区为例[D].济南：山东师范大学，2022.

[6]黄国勤.论乡村产业振兴[J].中国农学通报，2020，36（02）：149-154.

[7]姜天龙，舒坤良.农村"三产融合"的模式、困境及对策[J].税务与经济，2020（05）：57-61.

[8]蒋敏.重庆市农村三产融合发展现状及问题研究[D].重庆：重庆师范大学，2021.

[9]蒋淑玲.湖南农村一二三产业融合发展的影响因素及发展对策研究[J].经济师，2019（08）：31-32.

[10]孔祥利，夏金梅.乡村振兴战略与农村三产融合发展的价值逻辑关联及协同路径选择[J].西北大学学报（哲学社会科学版），2019，49（02）：10-18.

[11]李国莉.乡村振兴战略背景下河南农村三产融合发展问题探究[J].开封大学学报，2021，35（01）：36-41.

[12]李佳伟.乡村振兴战略背景下福建农村产业融合发展研究[D].厦门：集美大学，2020.

[13]李治，安岩，侯丽薇.农村一二三产业融合发展的研究综述与展望[J].中国农学通报，2018，34（16）：157-164.

[14]刘海洋.农村一二三产业融合发展的案例研究[J].经济纵横，2016（10）：88-91.

[15]刘佳.乡村振兴战略下河北省农村三产融合路径研究[D].石家庄：河北师范大学，2022.

[16]刘明国.务实求解农村一二三产业融合发展[J].农村工作通讯，2015（18）：18-21.

[17]马蓝，王士勇，马永贵.乡村振兴战略下国内产业振兴的研究：文献回顾与未来展望[J].江苏农业科学，2022，50（21）：256-264.

[18]马晓河，余涛.农村产业融合发展阶段分析及其启示[J].中国物价，2020（09）：3-6.

[19]钱程.和田地区农村三产融合发展问题研究[D].长春：吉林农业大学，2021.

[20]邱跃华，郭丹.乡村产业振兴的时代价值、现实困境和实现路径研究[J].湖南文理学院学报（自然科学版），2022，34（04）：73-77.

[21]苏毅清，游玉婷，王志刚.农村一二三产业融合发展：理论探讨、现状分析与对策建议[J].中国软科学，2016（08）：17-28.

[22]孙沛.乡村振兴战略背景下农村三产融合发展面临的现实困境与对策[J].安徽农业科学，2022，50（23）：229-231.

[23]谭新伟.中国农村"三产融合"与日本"六次产业化"政策机制的比较研究[D].保定：河北大学，2018.

[24]王涵.乡村振兴战略下黑龙江省农村产业融合发展水平评价[D].哈尔滨：哈尔滨商业大学，2022.

[25]王敏.乡村振兴战略视域下河北省巨鹿县农业特色产业发展研究

[D]．石家庄：河北师范大学，2022.

[26]王晓楠．乡村振兴战略背景下河南省乡村产业发展研究[D]．长春：长春理工大学，2021.

[27]王兴国．推进农村一二三产业融合发展的思路与政策研究[J]．东岳论丛，2016,37（02）：30-37.

[28]王雪．乡村振兴战略背景下的产业振兴问题研究[D]．石家庄：河北经贸大学，2020.

[29]王艺明．乡村产业振兴的发力点和突破口[J]．人民论坛，2022（01）：22-25.

[30]文丰安．全面实施乡村振兴战略：重要性、动力及促进机制[J]．东岳论丛，2022，43（03）：5-15.

[31]杨艳丽．农村产业融合发展水平评价与驱动因素研究——基于黑龙江省的实证分析[D]．哈尔滨：东北农业大学，2020.

[32]殷晓茵，李瑞光，何江南，等．乡村振兴战略与农村三产融合发展的实践逻辑及协调路径[J]．农业经济，2022（01）：52-54.

[33]张国栋．"互联网+"赋能农村三产融合路径分析[J]．农村经济与科技，2022，33（11）：10-12+32.

[34]周易．四川省农村三产融合发展水平研究[D]．成都：四川师范大学，2022.